Les minets

DU MÊME AUTEUR

Bibliothèque idéale du naufragé, Flammarion, 2015
Avec Elisabeth Quin, *Le détail qui tue*, Flammarion, 2013
Kung-fu, Grasset, 2007
Enragé, Denoël, 2003 ; Pocket, 2008
La Bande du drugstore, Denoël, 1999 ; Folio, 2003
Avec Max Armanet, *Ciné Kung Fu*, Ramsay, 1987

François Armanet

Les minets

roman

Stock

Illustration de couverture : © Charles Berberian
Couverture : Coco Belœil

ISBN : 978-2-234-08574-9

Les Play-Boys

J'adorais me regarder marcher sur le pont de Bir-Hakeim. Le métro aérien sciait les tympans. Dans la brume, la lumière des réverbères se reflétait sur le cuir fauve de mes boots glacées. Les pans doublés de satin rouge de ma gabardine bleu marine virevoltaient sous une brise d'automne. Les épaules voûtées, comme s'il fallait lutter contre un vent vicieux, les yeux doucement plissés pour exprimer dédain et vague à l'âme mêlés, je marchais à longues enjambées pour être à l'heure de la première séance du Ranelagh. Je grimpais les marches jusqu'à Passy, descendais la rue Raynouard jusqu'au cinéma qui jouait *Masculin féminin*.

C'était la rentrée 66, j'avais 16 ans. Au lycée, depuis peu, on disait que je faisais partie de la bande du Drugstore. Sur les Champs, ce n'était pas aussi évident.

Guy s'était déjà installé au premier rang pour en prendre plein la gueule. « Dans les Godard, y a toujours une femme à poil. » Ce samedi-là, il revoyait le film une seconde fois : pour la clope que Léaud fait sauter à sa bouche, geste adopté sur-le-champ, et pour les petits shetlands moulant les seins de Chantal Goya et Marlène Jobert (Jobard). Guy, la gaieté d'un cadet de Gascogne, sans gêne et sans vergogne, avait passé son enfance à Casablanca. Cheveux noirs bouclés, yeux bleus de chat siamois, nez cassé à la Belmondo, son allure de matou le faisait craindre sur les Champs.

À l'heure du goûter, on filait à l'Étoile. Philippe, Slim Fit velours milleraies bleu ciel feu de plancher sur des mocs Weston éculés, débarquait au Drugstore avec un semblant de hâte. Il aurait aperçu Dutronc garer une Porsche vers le bas de l'avenue, à la hauteur du Top Ten (dernière mue du Dancing Mimi Pinson). Le bruit courait déjà depuis un moment qu'on péterait la gueule à cette raclure de bidet s'il se pointait au Drug. Toute l'histoire avait démarré par un couplet des *Play-Boys* : « J'ai pas peur des petits minets/Qui mangent leur ronron au Drugstore. » Même si la suite de la chanson, « Ils travaillent tout comme les castors/Ni avec leurs mains ni avec leurs pieds », comme en écho aux pipeuses du Gainsbourg des *Sucettes*, « Quand Annie n'a sur sa langue que le petit bâton/Elle prend ses jambes à son corps/Et retourne au Drugstore », s'accordait à la frime de la bande, qui promettait beaucoup de sexe, mais laissait sur sa faim. Pour l'heure, Jacques Dutronc était le seul Français, hors Ronnie Bird et Nino Ferrer, sur lequel on daignait jerker, même si les costumes en alpaga du chanteur qui aimait « les filles de chez Castel », vantés dans *Lui,* magazine osé, installé au 65, avenue des Champs-Élysées, dont son parolier, l'autre Jacques, Lanzmann, assurait la bonne tenue rédactionnelle, n'étaient pas à la mesure de sa célébrité.

On était descendus à une dizaine, on avait inspecté la Speedster, « le même modèle, avait dit Philippe, que celui dans lequel James Dean s'est viandé à mort ». On avait patienté une demi-heure. Pas de Dutronc à l'horizon. Phil avait dégainé un cran d'arrêt, fait claquer la lame comme un Shark portoricain, et crevé avec méthode les quatre pneus.

En sortant de boîte, on était repassés devant la Porsche. Elle était toujours garée à la même place. On avait attendu dix minutes, juste pour voir… Le propriétaire était arrivé, bronzé à la Gunther Sachs, habillé par Cardin et chaussé par Carvil. Ce n'était pas le chanteur en vogue. Et devant la mine éberluée du play-boy (de profession), Guy de chantonner : « Croyez-vous que je sois jaloux ? Pas du tout, pas du tout ! »

Un fils de famille

J'avais connu Guy dans l'équipe de crawl du lycée. Guy Bensoussan, un an et une classe de plus que moi, signait l'un des meilleurs chronos. À l'époque, tous les lycéens ne savaient pas obligatoirement nager et encore moins le crawl. Faire partie de l'équipe de natation dispensait d'un après-midi de stade (« Va donc, eh prolo ! »). Nous nous rendions deux fois par semaine après les cours à la piscine. Guy jouissait du prestige du déconneur à toute épreuve. Je lui trouvais une certaine vulgarité dans sa façon de s'afficher pour rassembler tous les suffrages. Un soir, je tombai dans sa ligne de mire :

– On m'a dit que tu fais mouiller les filles. Vas-y, fais-moi mouiller.

– J'ai pris une semaine de vacances.

Je n'avais pas baissé les yeux. Jackpot.

Sur le chemin du retour, je me liai assez vite avec lui. C'était le champion de la revente des sapes au lycée. Il ne détestait pas m'entretenir de ses innombrables combines pour se procurer des pulls au prix de gros en Angleterre. Son père, qui commençait à bâtir une fortune dans l'immobilier, possédait la boutique Carnaby, rue de la Pompe, presque en face de celle des frères Renoma. Pour Guy, la boutique représentait un terrain de chasse idéal de « Mademoiselle Âge tendre ». Il me racontait des séances dans les cabines d'essayage qui se terminaient – au choix – par : « Elle m'a fait une branlette avec la main, la bouche, la motte. »

Ses provocations dépassaient avec allégresse les bornes du bon goût.

Aux garçons : « T'as gagné le concours Les Pines ? »

Aux filles : « Et quel est ton blason ? » Agrémenté de : « Oui, le morceau de roi de ton anatomie ? » Suivi, après l'air offusqué de la belle, d'une déclaration : « Tendre corps féminin ton plus bel apanage/Que tous ceux qui l'ont vu disent hallucinant. »

Rien ne l'arrêtait. Pisser contre un arbre à la sortie des Oiseaux, institution de jeunes filles de bonne famille – les plus audacieuses détournaient l'uniforme obligatoire, gris et bleu marine, dégrafant cardigans, enfilant collants à la place des chaussettes torsadées dans les toilettes du café voisin et se fardant les yeux à la Twiggy (œil de biche et cils papillons) – qui s'égaillaient en pépiant rue Michel-Ange.

Pour nous, dont l'éducation sexuelle se bornait aux « nus artistiques » de *Lui*, « le journal de l'homme moderne », que mon père rapportait à la maison et que je piquais discrètement, comme les volumes de Jean Bruce, avec un faible pour les créatures outrageusement décolletées de *Délire en Iran* et *Double bang à Bangkok*, pour lecture aux chiottes (cabinet de lecture), les histoires de Guy captivaient par leur crudité.

Il s'attachait particulièrement aux domestiques de ses parents ou de leurs relations, qui n'avaient pas le cul coincé de ces minettes allumeuses qui ne tenaient jamais leurs promesses. Les maîtresses de Guy piquaient un fou rire quand il les sodomisait dans une avalanche de pets. Sa santé prodigieuse donnait corps aux élucubrations les plus ébouriffantes. Il éprouvait une sorte de fascination pour les voyous, gigolos et gigolettes. « Les putes sont de sortie à la Madeleine. » Un jour, il m'emmena rue Tronchet, et comme le Delon de *Mélodie en sous-sol* : « Le micheton est revenu, l'hiver approche, y a du vison et de l'ocelot dans l'air. Les putes ont toujours adoré les animaux. » Au pied d'un immeuble défraîchi, une blonde platinée, choucroute à la BB, vraie pin-up du Lido dessinée par Brenot. « C'est Monique. Attends-moi cinq minutes. Je dois régler un problème avec elle. »

J'avais poireauté une demi-heure dans le froid. Compte rendu des courses : « À peine entrée, elle m'a baissé mon fute, j'avais pas l'air d'un con, je pouvais plus bouger, elle a commencé à me pomper le dard très fort, à grands jets de salive, je me demandais bien pourquoi, puis elle a fait tomber sa jupe, s'est retournée contre le mur, a gigoté ses fesses, a pris ma bite et se l'est enfoncé dans le fion, une main appuyée sur le mur, l'autre s'astiquant le clitoris ("c'est quoi, un bas-relief du Parthénon ?") comme une dingue. C'était étroit, la porte étroite, j'ai pensé à Gide, j'ai pensé à toi, mon minet, tu parles. Je l'ai pénétrée bien profond. Elle a joui. A tortillé du cul, a expulsé ma queue, l'a regardée. Il y avait sur mon gland un petit bout de merde, comme une crotte de bique. Elle m'a dit : "Tiens, tu vois, ça, c'est mon cadeau d'adieu." Elle m'a foutu à la porte. »

Il était presque attendrissant de drôlerie. Les filles adoraient Guy. Il était formidablement sensuel. Qu'est-ce qui l'attirait alors vers le Drugstore où l'on ne s'encombrait pas d'elles ? L'admiration qu'il portait à Philippe, sans doute, jusqu'à se laisser vanner par son ami avec le sourire. Sa facilité à surenchérir sur les délires de Phil. Que cachait son mélange de truculence et de bravade immature ? Je le découvris plus tard, Guy était drugstorien pour emmerder son père, et refuser d'être le bon fils de sa mère.

Une apparition

J'avais croisé Phil dans la cour à la sonnerie. Sourire à peine sarcastique, visage impénétrable : « Encore un jour de moins à vivre. »

C'est une caserne napoléonienne. Il y a les lycées de garçons et ceux de filles. Pas de mixité. Rien n'a vraiment changé depuis 1802. À l'ombre de l'église Saint-Paul (deux bénitiers offerts par Victor Hugo pour le mariage de Léopoldine), le « Grand Lycée » (anciens élèves : Nerval, Balzac, Sainte-Beuve, Darien, Blum et Francis Blanche), le « Petit Lycée », jusqu'à la 4e, est en face. Les grands établissements parisiens, qui sont aujourd'hui toujours les mêmes, reproduisent tranquillement les élites avec un zeste de méritocratie. Moins de 20 % d'une classe d'âge passaient le bac. Derrière les statistiques poussaient les baby-boomers mais nous n'en savions rien. Les enfants du corps enseignant étaient déjà aux avant-postes. Le petit-fils du proviseur en agent double farfouillait dans les casiers des profs, espionnait les livrets scolaires, et parfois trouvait les sujets des compos dans le coffre-fort de Papy.

Les élèves de Charlemagne (« Qui a eu cette idée folle/Un jour d'inventer l'école ? », la scie de France Gall nous débectait) se recrutaient sur la ligne Vincennes-Neuilly dont les stations de métro dessinaient le profil. De Pont-de-Neuilly à Louvre, le bon tronçon ; de Châtelet (on commençait à parler d'un déménagement des Halles) à Bastille, mauvaise pioche (ceux qui habitaient le Marais en avaient honte) ; de gare de Lyon à Nation, inconnu au Monopoly. Au-delà, un *no man's land*.

Ça ne badinait pas. Au coup de sifflet, en rang deux par deux, et qu'aucune tête ne sorte du rang, sinon deux heures de colle. Une minute de retard à la sonnerie, même tarif.

Ce matin-là, je me cognais deux heures de latin avec Biron, un sadique (agrégé, normalien, communiste). Le rendu des compos de thème était un sommet d'angoisse : syllogismes, barbarismes, surlignés au Bic rouge. Une grille de notes pointilleuse. Il commençait par le dernier dans un silence polaire, en prenant son temps, épelant avec délectation le nom des condamnés.

– Dernier, Durand : – 76.

– Avant-dernier : Arpailleur, Arpouilleux... Vous êtes aussi nul que votre père (procureur général), ça doit être une tare héréditaire. – 71

– 27e. Ah, Poulain… (Il s'humectait les lèvres, glapissait.) Vous êtes un âne bâté (son père était commissaire de police). – 67.

Personne ne mouftait. Il fallait attendre le troisième pour franchir la barre.

– Buteau. Zéro.

Le premier de la classe atteignait + 4. Un exploit.

Sonnait l'heure de la sanction rituelle. Tarif : une page de grammaire latine à recopier par point négatif. Les heureux gagnants passeraient les vacances de la Toussaint à aligner les pages d'écriture. Le jour de la rentrée, comme les bourgeois de Calais, nous défilions pour déposer sur son bureau les kilos de copie. Il les entassait scrupuleusement, prenait une feuille au hasard, la scrutait d'un œil torve. S'il découvrait une faute, la punition tombait : « À refaire ».

On enchaînait sur l'*Énéide* (livre IV). « *Varium et mutabile semper femina* » (la femme est chose qui toujours varie et change). C'est la fuite terrible d'Énée, l'abandon de la reine Didon. Orgueil et langueur, larmes et passion furieuse, caprices et regrets, puissance et fragilité. Virgile explore la sauvagerie féminine, la psyché ancestrale et l'interdit. Autant de notions purement théoriques pour des puceaux.

Assis au premier rang, planqué – le bureau de Biron, sur l'estrade, me masquait à moitié –, la matinée s'écoulait avec une lenteur insupportable. Nous rongions notre frein. Jusqu'au prochain chahut. J'avais compris la vanité de monter en première ligne pour récolter des colles à la place des autres. Je cultivais un ennui profond, me bornant à quelques impertinences de saison. « Galbert ? Peut mieux faire » suffisait à assurer de justesse un passage dans la classe supérieure. Chahuter, en sous-marin, oui. Raffut général, la revanche des lâches. Faire « la mouche ». La classe entière, la bouche fermée, bourdonnait de plus en plus fort, jusqu'à couvrir les hurlements du professeur. Force de frappe anonyme, exercice génial, spasmodique, dépassé uniquement par « le criquet ». Breveté par une journée de léthargie comateuse. Inspirés par les parachutistes du *Jour le plus long*, nous déclenchions l'attaque-surprise. Une main sous la case, en embuscade, un premier clic d'un criquet métallique, suivi d'un autre en écho au fond de la classe. Crescendo jusqu'à un vacarme d'enfer. On avait conduit sans la moindre pitié une prof d'anglais à sa *19 th Nervous Breakdown*.

J'avais connu Philippe Challes cette année-là. Il était dans la classe supérieure et d'un an mon aîné. La seconde fois qu'il m'avait adressé la parole, courtoisie désinvolte, il m'avait dit que la seule question qui vaille était : « Est-ce que je me plairais vraiment, si je me croisais sans me connaître ? »

C'était à la rentrée précédente qu'il m'était apparu. Septembre 1965 : je portais des Clarks (l'inégalée Desert Boot) sable, un Levi's Slim Fit en velours kaki, un mini-shetland bleu lavande à ras du nombril et une gabardine bleu marine de collégien anglais dont je nouais la ceinture dans le dos à la façon d'une redingote de hussard. Au lycée, effet garanti. Dans ma classe, leçon inaugurale.

À la sortie des cours, j'avais aperçu Philippe, bras croisés sur le guidon de son Solex, impassible, évaluant le défilé des élèves, sans que quiconque ne puisse accrocher son regard. Il arborait des Clarks châtaigne, un Slim Fit rouge vénitien et une gabardine vert Sherwood. La même tenue que moi, mais ses couleurs inédites réduisaient mes efforts à néant.

Une longue mèche brune se rabattait en gouttières derrière son oreille droite. Les fentes de ses yeux sombres irradiaient cette lueur de danger et de lassitude blasée si dure à imiter. Son nez était assez long, fin, et son visage glabre faisait ressortir ses maxillaires quand il les contractait. Tension palpable. Ferrant, un redoublant, petite gueule à la Frank Alamo (« Biche, ma biche »), l'un des cadors de ma classe (papa concessionnaire Mercedes), l'avait accosté avec déférence. Challes s'était penché vers lui, comme si son équilibre était menacé, répondant à voix basse, chaque mot souligné d'un geste glacial, ironique, avant de congédier le courtisan avec une sorte d'aménité.

Peu avant Noël, le hasard frappait un joli coup. Une neige ardente tombait sur Paris. La vie ralentissait. Je m'étais retrouvé pour la première fois en boîte sur les Champs, au Pierre-Charron, rue Pierre-Charron précisément. Ferrant nous avait présenté le lieu comme un repaire à minettes de première bourre, auberge de petits boudins et paradis du flirt. Chaleur opaque, sol glissant, twisteurs en démonstration. *Knock On Wood*, rumeur traînée de poudre : « Gaffe, y a des mecs du Drug. » Quatre ou cinq mecs faisaient le vide autour d'eux sur la piste, déchaînés dans un jerk outré, à grands coups de moulinets épileptiques. Peu à peu, les danseurs se déhanchaient de nouveau, aimantés par le courant, sans toutefois empiéter sur le centre, comme des mouches affolées autour des spots, reculant dès qu'ils risquaient de s'y brûler. Je dansais sans conviction en face d'une brunette. Ferrant se trémoussait. Challes l'avait bousculé en un éclair. Se plante devant moi, me toise de pied en cap : « Alors on s'émancipe… »

J'esquisse un sourire, prêt à prendre cette brimade pour une marque d'amour, mais je me rebelle : « On nous a présentés ? » Challes tourne curieusement la tête, passe au ralenti la main devant sa bouche, lèvres à peine entrouvertes, termine le mouvement par une sorte de moue douloureuse, les yeux mi-clos, comme s'il jetait un secret dans le néant. Un tic d'initié, une chorégraphie raffinée, toujours semblable et infiniment spontanée, que j'apprivoiserais un jour à mon tour. Puis il me glisse en souriant niaisement : « Rien de grave. » Ferrant saisit l'opportunité :

– Challes, je te présente Galbert.

– Toi, je ne suis pas sûr de t'avoir permis de penser.

Et s'évanouit avec ses potes aussi vite qu'ils étaient apparus. S'étant assuré qu'ils s'étaient bien tirés, Ferrant m'avait chuchoté : « Les mecs du Drug, c'est vraiment des pédés. » Pauvre con, tu étais incapable du moindre ressentiment.

Le Graal

J'avais attendu une heure en amoureux transi. Les métros égrenaient de longues minutes. L'impatience adolescente. Quasi azimuté à force de guetter Philippe, résigné à un après-midi gâché, je le vis surgir au bout du quai, prince charmant, affable, comme si le temps n'avait aucune prise sur lui. Il m'avait filé rendez-vous la veille. Sans commentaire : « Demain à 3 heures, Palais-Royal, sur le quai. » La fin du premier trimestre 66 approchait. Il ne m'avait plus parlé depuis l'épisode du Pierre-Charron.

Nous avions remonté au galop la rue Saint-Honoré jusqu'à la Madeleine. Halte chez le cireur installé en sous-sol, à côté des distinguées toilettes Art nouveau. « Pas mollir sur le mollard. » Un bon glaçage : cirage et salive électrique. Le bout de nos pompes vibrait dans l'air printanier. Dans la foulée, nous étions allés nous soulager chez la dame-pipi voisine.

– Alors, avant ou après ?

– … ?

– Se laver les mains avant de pisser ou après ?

– Avant. Forcément, car j'ai la queue propre et les mains sales, comme dirait Jean-Sol Partre.

Ainsi Philippe, qui prétendait ne jamais ouvrir un livre, avait-il lu *L'Écume des jours*, bréviaire lycéen affranchi.

Nous avions filé vers les Champs. Regards furtifs sur les vitrines du Faubourg, Philippe donnait l'impression fascinante qu'il vérifiait son effacement. La marche vive atténuait mon angoisse. Destination Drugstore.

Précisons : le Drugstore, là-haut, tout près de la place de l'Étoile, ouvert en 1958 au rez-de-chaussée de l'immeuble de l'ancien hôtel Astoria à l'angle des Champs et de la rue de Tilsitt, a disparu, dévoré par un incendie spectaculaire une nuit de septembre 1972, revendiqué parmi de multiples appels par l'organisation palestinienne Septembre noir. La bande s'y tint de 1960 aux derniers jours de 1967, fantomatique arbitre des élégances des baby-boomers. Au cœur des années 60 d'ennui monotone (Mick Jagger/Dorian Gray trouverait la formule : « Les années 60 n'existent pas. Je le sais, je les ai vécues »), au centre de gravité des beaux quartiers, à l'ombre de l'Arc de triomphe, la bande du Drugstore était le Graal des minets.

En être ou ne pas en être ? Le premier qui aurait revendiqué son appartenance aurait pour toujours été frappé de la malédiction de « bidon ». Sous la loi du Drug, la bande du Pub, et la cohorte des minets éparpillée dans les lycées parisiens (la banlieue s'aventurait timidement à Paris intra muros, le RER n'existait pas), et avec un métro de retard, jusqu'en province. C'est leur regard d'effroi et d'admiration mêlés qui auréolait les mecs du Drug, et la reconnaissance de leurs pairs. Frimer, brimer. Tenir son rang. En actes, en mots. La rage de la destruction, la grâce brutale de l'adolescence, le jeu de la cruauté, les mecs du Drug ne dérogeaient pas à la règle. Par définition, il n'était question que de postures et d'impostures. Les minets du Drug n'avaient cessé de détruire leurs propres créations vestimentaires à mesure qu'elles étaient adoptées par les « bidons ». Cette quête incessante du « presque rien », du temps passé à se démarquer des autres, jusqu'à l'écœurement, finirait par disperser la bande dans le néant, quelques mois avant le printemps 68, et renverrait ces Mods à la française aux oubliettes de l'histoire. Sans qu'il faille prêter à la bande la moindre clairvoyance sur sa dissolution, hors une sensibilité nerveuse à l'air du temps.

La bande du Drug, combien de divisions ? Mettons une centaine d'ados à tout casser si on avait réuni ce beau petit monde. Des groupuscules, des mini-bandes (« Mini-Moke et mini-jupe/Tout est mini dans notre vie »), se côtoyaient, se jaugeaient, se parlaient, se vannaient. En moyenne, un tour de piste de deux ans : on était un novice, on trouvait sa place, on devenait un ancien et, un jour, on passait à autre chose. En dehors de quelques-uns, on ne connaissait des autres que des noms sans prénoms, et vice versa, ou des surnoms. Je me souviens d'un Lucky, qu'on croyait Strike, accompagné de son petit frère, Fabrice, futur jerkeur rohmérien et comique nietzschéen. Parfois circulaient des noms d'anciens en route pour la gloire. Jean-Marie Périer (photographe star), Jean-Paul Goude (*very good*), Sisley (qui avait débuté en rapportant de Londres des valises de shetlands), Ronnie Bird (Yardbird français), les frères Renoma, ainsi baptisés en hommage à leur père (il prononçait « renomai » le nom de sa boutique du carreau du Temple « À la bonne renommée »), dont la White House, rue de la Pompe, habillait Dylan, Lennon et Clapton. D'autres noms sortiraient plus tard des archives : Gérard Manset, David McNeil, Antoine Gallimard, Marc Porel, Boris Bergman, Benoît Jacquot, Jacques Laffite, Muriel Cerf, sans qu'on sache au juste ce qui relevait de la mythologie.

Nous étions arrivés. Entrions. Tout se jouait là, dans l'espace délimité par trois ou quatre marches, stratégiques, qui reliaient les boutiques – pharmacie, disques, journaux, librairie, hi-fi, gadgets – et le restaurant-bar (hamburgers, club-sandwichs et banana splits, une première en France). Les marches : comment arrivait-on à s'y tenir ? C'était un endroit de passage permanent. Les mecs du Drug en faisaient un goulet d'étranglement. Spectacle garanti. Les initiés occupaient les meilleures places sur les marges. Je revois encore Donald, mutique, l'œil noir, dans un caban élimé qui tranchait avec ses somptueuses « boucles » Lobb, sa silhouette longiligne adossée au mur, Jean-Marie, plus grand et maigre encore, qui n'arrivait pas à tenir en place dans ses mocs à pompons. Ces petits marquis me semblèrent alors terrifiants. Je suivais Philippe, prenais un masque ombrageux. La peur au ventre de passer pour un « bidon ». Je restais muet, garde du corps flottant aux entournures. Adoubement silencieux. Il était 4 heures. Déjà tard pour un jeudi (les lycéens n'avaient pas cours le jeudi après-midi), la plupart des habitués étaient déjà partis en boîte.

Nous sortions. Je respirai. Devant le Drug, bavardaient Laurent de Rochemort, trombine de juif errant, Gaston (« l'téléfon qui son » lui pourrirait la vie) qui traînait une réputation de gigolette-miquette, si beau que, comme Delon-Plein soleil à l'aube des années 60, les gens s'arrêtaient de manger quand il entrait dans un restaurant. Et un échalas, grande mèche filasse, qu'on aurait dit teinte, des yeux en trous de pine, nez rapace, haleine de vieillard, surnommé P-DG (Pue De la Gueule), futur ambassadeur. Philippe s'était joint un instant à la conversation. Ces trois-là, je les croiserais régulièrement sans vraiment les connaître. Aucune importance, ils m'avaient pris pour un des leurs.

En boîte

« *And her name is G-L-O-R-I-A Gloria* ». La piste de danse a des allures de ring. Déhanchements frénétiques, poings contractés, on se frôle, on se heurte et, autour des mecs du Drug, les « bidons » s'écartent comme par magie ou gare ! Guy, quand il jerkait, prenait des gestes de boxeur. « *Float like a butterfly, sting like a bee* ». Attention, ça gicle.

Les teignes Them. La locomotive du Spencer Davies. « *Keep On Running, Keep On Ruuuuuuunning* ». Ça gronde. « *Yeah Rosalyn* ». Les passes se font assassines. « *Everybody Needs Somebody To Lo-o-ove* ». Soul Music de maquereau. Wilson Pickett. James Brown. La guerre du feu éclate sous la boîte crânienne. Retour à l'âge des cavernes. Les balancements sont primitifs. La morgue mécanique de Phil s'accentue avec la montée des cuivres, les yeux révulsés, finit en grimace. Phil avait le don de ne jamais transpirer.

Au 116 *bis*, avenue des Champs-Élysées (Alma 00 77, parfum bondien), le Relais de Chaillot était la boîte du Drug par excellence. On disait le Relais. Au sommet de la ziggourat en ces temps queue de comète de la bande. Au fil des saisons, une dizaine de discothèques accueillaient autour des Champs les lycéens en goguette, les trois après-midi de liberté laissés par l'Éducation nationale (jeudi, samedi, dimanche). Au Relais, pas de videurs à l'entrée, ni de connasses vous déshabillant à travers un judas, et encore moins de cartes de membre à la gomme. La seule carte se jouait à l'intérieur et les mecs du Drug avaient la main sur le territoire. Les minettes les plus hardies descendaient dans l'antre, à leur suite une foule de prétendants, mecs du Pub (le Pub Renault, ouvert en 62, un espace « chic et moderne » abritant un bar-restaurant avec des boxes aménagés dans des voitures anciennes, était un rendez-vous minet, plutôt BCBG), bandes du New Store ou de l'Élysée-Store (lieux créés sur le mode du Drugstore, QG de petites bandes annexes), copains Menier (le chocolat Menier avait créé un club de copains-copines relayé par l'émission *Salut les copains*), et bourgeois d'*Âge tendre et têtes de bois* (l'émission télé animée par Albert Raisner était enregistrée au Pierre-Charron ou au Bowling du bois de Boulogne).

Les pieds-tendres venaient innocemment. Nous faisions le pied de grue devant l'entrée, histoire de jauger la clientèle. Ce jour-là des petits cons de Janson ou de Franklin avaient eu le bon goût de venir accompagnés. Guy avait avisé le dernier du peloton. Attentionné.

– C'est quoi, tes mocs ?

– Heu, des Weston...

– Ti ti ttt. C'est des fausses. Tu t'es fait refiler des fausses, mec.

– Ben non. Je les ai achetées chez Weston.

– Ça m'étonnerait.

– Si je t'assure.

– Je crois pas. Montre-moi la marque à l'intérieur. J'te dirai.

Le mec se déchaussa, à cloche-pied.

– Mouais, vas-y, fais voir l'autre.

– Je peux pas. J'suis en chaussettes.

– T'as les chaussettes qui puent ?

– Ben non...

– Alors ?

Le mec s'était exécuté. En chaussettes sur le macadam.

– Bon, allez, dégage maintenant. Tu peux pas rentrer au Relais en chaussettes.

Le mec s'était mis à pleurer.

– J'vais me faire engueuler par ma mère.

– Elle aura raison.

Et Guy de lui foutre son pied au cul.
Sympathique, non ? On était morts de rire.

Le mois suivant, Guy avait remis le couvert.
– Elles sont bien, tes godasses. C'est des pompes à combien ?
– Heu… 165 francs chez Weston.
– Tu chausses du combien ?
– Heu… 41.
Du 41 fillette ?
– Ben non.
– Rien à foutre, c'est pas ma taille. Maintenant file-moi dix sacs. Ça t'évitera de repartir en chaussettes.

Ses copines nous avaient regardés avec envie. L'une d'entre elles avait voulu embrasser Phil, qui s'était reculé. Un baiser avait claqué dans le vide.

La frime éradiquait les émois, refoulait les sens. Le Drugstore érigeait une armure contre l'amour. Ne pas déroger à la règle. L'amitié virile entretenait le mépris des filles cataloguées pisseuses, petits boudins, michetonneuses… La bande du Drug dressait un écran protecteur contre les autres, le sentiment, et finalement le sexe opposé. Si on avait rêvé de devenir un « mec du Drug » pour l'auréole de séduction, dès qu'on avait passé l'examen il fallait prendre garde à son rang. Le Drugstore détruisait. Tel Attila, le Drug brûlait les modes qu'il avait créées, rayait la carte de Tendre. Un Drugstorien avait gagné ses galons en balançant une gifle à la première minette venue dès qu'il entrait au Relais. Acte gratuit, succès assuré. Réputation éprouvée. La dureté projetée de la bande détournait les coups, et les filles. Le désert des Barbares drugstorien engendrait la frustration.

Old England

Le soleil se couchait sur la gare de Waterloo. Il avait plu tout l'après-midi. Une lumière tamisée glissait sur le quai. Je cherchais un train de banlieue. Quand soudain, derrière une vitre embuée, j'aperçus McCartney et Jagger. Une vision ? Je revenais sur mes pas. Face à face, dans un compartiment de 1re classe, discutant comme deux vieux potes, Paul et Mick, qui masquait – on apercevait sa main diaphane sur l'accoudoir – Lady Marianne, Vénus à la fourrure. J'hésitais, fis semblant d'attendre quelqu'un, comme si je ne pouvais pas distinguer l'intérieur du wagon. Je les regardais sans insistance, retenant ma curiosité. Ils se tournèrent ensemble vers l'extérieur sans montrer le moindre signe qu'ils me voyaient. Reprirent leur conversation. Je restais là, planté dans mon trench, ceinture nouée à la Bogart. Des voyageurs pressaient le pas. Aucun ne me prêtait attention. Mais *Day Tripper* et *Paint it Black* sur la même banquette ? La presse jouait encore la guerre des Stones contre les Beatles. Mauvais garçons contre gendres idéaux. Deux faces de la même pièce. Personne pour immortaliser la scène. Tant mieux. L'image resterait gravée dans ma mémoire, d'autant qu'elle ne serait pas tirée sur papier, on ne prenait alors de photos que dans les grandes occasions. Le train s'ébranla. Parfois je vois apparaître à la fenêtre Lennon et Richards fumant une cigarette.

Après Waterloo Sunset, morne banlieue. C'était le troisième été que mes parents m'envoyaient au mois de juillet en « la perfide Albion » pour parfaire la pratique de « la langue de Shakespeare » sans que les résultats soient probants – on ânonnait quelques mots avec l'accent à couper au couteau de Sacha Guitry, du reste on n'apprenait pas à parler au lycée mais à conjuguer les verbes en anglais – comme pour la plupart de mes condisciples qui partaient en groupe organisé. J'avais vieilli, le Drug était passé par là. Je m'emmerdais à mourir. Hébergé dans une épouvantable famille cockney en périphérie londonienne. Salle de bains crasseuse, bouffe infecte. Seuls les bols de jelly tremblotante m'apparaissaient mangeables ! Je tuais mes journées à lire ou à marcher et rentrais à l'heure de *Top of the Pops* dans les odeurs de fish and chips qui envahissaient leur bicoque identique à toutes les autres d'une rue noire.

« *Are you a mod or a rocker ?* » – « *I'm a mocker* » (dixit Ringo Starr). J'étais au pays de Brummell, de Modesty Blaise, de Terence Stamp, de Vanessa Redgrave, mais ça ne me consolait pas. Notre Angleterre des merveilles avait inventé l'Aston Martin DB5 Goldfinger, la Jaguar Type E et l'Austin Mini. En ce temps-là, les voitures avaient une identité et un drapeau. Impossible de confondre une française (bondissante 2 CV, DS futuriste, 404 Pijeot idole africaine) avec une allemande (pauvre Coccinelle du peuple avant que les bus VW hippies ne la mettent au goût du jour), une américaine (Cadillac de la conquête spatiale, Mustang Steve McQueen), une japonaise (contrefaçon), une italienne (Fiat pot de yaourt, bolides rouges) – deux ans plus tard, autant dire une éternité, dans le théâtre de l'Odéon occupé, Sagan interpellée par un chevelu muni d'un mégaphone :

– Est-ce que tu es venue avec ta Ferrari, camarade Sagan ?

– Erreur, camarade, c'est une Maserati.

Avant la mondialisation, les bagnoles, la bouffe ou la sape étaient instantanément reconnaissables.

« *Fog in Channel, Continent Cut Off* » (Brouillard sur la Manche, continent isolé) revenait avec régularité en manchette du *Times*. Le

Swinging London revêtait pour nous une géographie particulière. À Paris, Mayfair (rue de la Pompe), Auld Reekie (à Saint-Augustin, là où Dutronc s'habillait) ou Old England, temple feutré du boulevard des Capucines, importaient le chic anglais. À Londres, on trouvait l'original. Un circuit balisé. Blazer Street, Cardigan Road, Raglan Lane, Chesterfield Square. En face du British Museum, les pulls acidulés de Westaway and Westaway (la clientèle était si française que les vendeurs parlaient tous la langue de Scapin), Regent Street (les vestes d'Austin Reed, les foulards en soie de Liberty), Burlington Arcade (les cachemires Ballantyne chez Berk), sur Jermyn Street chemises et pompes (basiques la Consul et la Diplomat chez Church's).

Cet été 66, j'avais revendu ma gabardine pour m'acheter un trench. Burberry's ou Aquascutum ? « *All you have to do is ask me* » répliquait Bacall à Bogart. Philippe avait tranché : si les deux fabricants tenaient leurs lettres de crédit du War Office, la Rolls du trench était un Wright and Peel, aujourd'hui disparu. Le problème d'un trench neuf, c'est qu'il a vraiment l'air neuf. Pour qu'il soit beau, il faut qu'il ait vécu. Toute la panoplie du reste. À la maison, j'avais pris l'habitude de donner à mon petit frère, à sa grande joie, mes vêtements à culotter, comme les lords à leurs valets. Le trench, c'est rude à patiner. Il doit bien affronter quelques dizaines d'averses pour que les gouttes de pluie commencent à laisser des traces sur la gabardine, sans qu'elles la pénètrent, plutôt que de glisser sur de l'apprêt qui lui donne un aspect synthétique (cauchemar). J'étais allé voir le programme du Marquee, en espérant un concert des Who ou des Yardbirds. Le club des débuts des Stones avait déménagé d'Oxford Street à Soho, j'empruntais Carnaby Street, les vitrines viraient psychédéliques, les trottoirs étaient ridicules, on n'avait pas inventé les rues piétonnières. Deux Françaises chuchotèrent à mon passage, se retournèrent en souriant. J'enlevai mon trench et le jetai dans le caniveau sous leurs yeux médusés. Poursuivis ma route. Pris la première à droite. Patientai quelques minutes avant de rebrousser chemin. Récupérai mon imperméable qui avait gagné un début d'existence et rejoignis Waterloo via Trafalgar.

Le jour du départ approchait. Je rêvais mollement au ferry de la dernière chance. Les heures de liberté comptées, les jeunes Français en séjour linguistique se déchaînaient avant le retour au bercail. Flirter comme des malades ? Une initiation, un mythe : les Anglais s'intéressaient à la musique, les Français seraient des french lovers, les Anglaises roulaient des pelles ? Accessoirement, les Françaises, intouchables sur le continent, étaient gagnées par l'ambiance. La France gaulliste engoncée, l'Angleterre libérée ? D'un côté la Nouvelle Vague, de l'autre la déferlante du rock. Bebel ou les Beatles, Delon ou Jagger. Mais Deneuve/Bailey, Brian Jones/Zouzou, avant Gainsbourg/Birkin, en liaisons trans-Manche ? Et Bardot et Hardy idolâtrées des deux côtés du Channel. Je m'égare. Et pourtant, sans vraiment d'explications, l'Angleterre entre 63 (*From Me to You*) et 68 (*Street Fighting Man*) où, sur un autre terrain de jeu, la France reprit la main, fut en bonne part la parenthèse enchantée d'une adolescence française.

La fin du mois sifflait donc la fin de la récréation. Plusieurs centaines d'expatriés, enrichis de leurs sensuelles expériences, convergeaient vers Londres avant de rallier Douvres ou Folkestone. *Do not lean out of the window*, les trains n'étaient pas hermétiquement clos, on pouvait fumer à la fenêtre, la plaque métallique dévissée par mes soins l'an passé, était fixée sur la balustrade de ma chambre. C'était quasiment un convoi de Français, un exode exotique. Passage de la douane, embarquement sur le ferry. Huit heures exclusivement consacrées à sillonner wagons, ponts et coursives dans l'espoir d'emballer une dernière fois.

L'expédition se termina en fanfare. Tout juste embarquées à Folkestone, les deux minettes de Carnaby, « l'âme lourde d'amour encore inexprimé », m'adressèrent la parole comme par enchantement. Sur une banquette, la plus téméraire m'embrassa goulûment. Une tempête s'était levée. La Manche se démontait. Au bar, relents de Guinness, de *beans* et Ketchup assaisonnés à la fumée de cigarettes Player's Navy Cut, qu'on achetait au Duty Free du bord par cinquante dans des boîtes en métal ornées d'un marin barbu encerclé par une bouée de sauvetage. La fille se sentit mal. Je l'emmenai respirer sur le pont. Des flots de dégueulis ruisselaient sur les escaliers. Elle vomit à son tour. Éclaboussa mes mocassins. Je ne la revis jamais.

Week-end

Friday On My Mind grésille sur Radio Caroline, je somnole d'un œil à la place du mort. Au loin, les deux cheminées de la centrale de Porcheville comme des phares sur la plaine sinistre. Janvier 1967, l'autoroute de nuit entre Rouen et Paris. Retour d'un trou normand. « Si vous n'aimez pas la mer, si vous n'aimez pas la montagne… si vous ne m'aimez pas, allez vous faire foutre ! » Guy étrenne pour ses 18 ans la Morris Cooper vermillon piquée à son frère avec cette conduite si rapide, si sûre des gosses de riches qui skient et crawlent avec un naturel confondant, smashent sur un court de tennis avec une aisance injuste. La caisse à savon avale le bitume. Sur la banquette arrière, deux nymphettes en shetland chatoyant chuchotent des histoires de filles. *All Day and All of The Night.* Guy braille : « je la veux la nuit, le jour, le jour, la nuit », un cri primal, toute la violence sexuelle des Kinks.

Station-service, pause pipi. Les jeunes filles de bonne famille s'extirpent du bolide, ébrouent leur mini-kilt, ajustent leurs cuissardes et défilent pimbêches devant cinq loubards de Mantes-la-Jolie, adossés à une R8 Gordini. Le chef de la bande, apparition assez extraordinaire, est un Noir (à l'époque les blousons noirs étaient blancs), taillé comme King Kong, les cheveux gominés à la Little Richard. Retour des toilettes, sifflets, blagues douteuses, claquement d'un cran d'arrêt.

On rembraye vite fait, la Gordini bleue à bandes blanches de compétition nous colle au cul. Guy appuie sur le champignon, l'auto-tamponneuse blouson noir ne décroche pas. Poursuite sur dix bornes. Guy avise une aire de repos, freine lentement, tire sur le frein à main. Sur le parking désolé, les loulous braquent sur nous les yeux jaunes des phares. Coups d'accélérateur dans le vide. Hésitent à descendre, au cas où l'on redémarrerait. Guy ouvre la portière, sort, se désape à la vitesse de l'éclair. Nu comme un ver, il s'avance face à l'adversité. S'immobilise. Ouvre les bras comme Jésus sur la croix, offrande dérisoire à la fureur du monde. Le moteur de la Gordini se coupe. Temps suspendu.

Scotchés sur leurs sièges, les mauvais garçons, bouche bée, passent en douceur à côté de nous, avant de remettre la gomme.

Je suis muet. Quand je revois la scène, je ne sais pas comment Guy s'est rhabillé. Juste qu'il portait ses mocs Weston comme des babouches.

Nous repartîmes sans tarder. Les filles pleuraient en silence. Arrivés avenue de Wagram (Allô Wagram 48-15, un numéro qui sonnait bien), Guy les convia à monter chez lui. Ses parents ne rentraient que le surlendemain. Vodka-orange bien frappée pour se remettre des émotions. On rit fort. Guy s'éclipse dans sa chambre avec la plus âgée. L'autre, elle s'appelle Sylvie, est ravissante avec ses cheveux auburn, une frange épaisse souligne ses yeux noisette. Quelques taches de rousseur parsèment son nez légèrement retroussé. Elle passe en revue les 45 tours des parents de Guy, soupire, met Jeanne Moreau sur la platine. « Les lèvres chaudes, ses genoux/les regards clairs si vite en pleurs/les artères cette peau fragile. » Elle m'observe. Je m'enferme dans l'indifférence. Elle s'attendrit.

Nous nous allongeons tout habillés sur le canapé pour écouter. J'imagine qu'elle attend que je l'embrasse et la serre contre moi. Je suis tétanisé. Prie pour qu'elle esquisse un premier geste. Ferme les yeux. Je ne la touche pas. Je sens sa chaleur sur l'extérieur de ma cuisse gauche jusqu'à ce que ça me brûle. Comme moi, elle demeure immobile. Le disque s'est arrêté depuis longtemps. Elle ne dort pas. Après une éternité, elle murmure dans un souffle : « Bonne nuit. » Aucun mot ne peut franchir mes lèvres. À force, je me suis endormi, raide comme un gisant, la main gauche sur le cœur, la droite sur mon sexe dur.

C'est Guy qui me réveilla. Elles étaient parties. Il se fendait la poire. Posa sa main sur mon jean. Fit semblant de déboutonner la braguette. « Elle m'a fait une pipe directe. Elle a fait semblant de recracher le sperme », il mime, « elle l'a avalé », il déglutit. Pause grimace. « Et elle m'a dit : “Il a le goût d'un miel de montagne, suave et sauvage.” » Je devrais éclater de rire, je joue la froideur. Alors Guy : « Allez, viens, on va se faire une tartine. »

Le petit tailleur

– Salut vieux, quoi de neuf ?
– Rien que de l'ancien.
Un classique de Philippe. Variante :
– Du démodé.

Phil m'avait filé un rancard chez Dean (brodé sur l'étiquette « Paris, 9, boulevard Bonne-Nouvelle – New York 357 Fifth Avenue », la boutique de la Cinquième Avenue étant pure invention). Tailleur attitré du Drugstore, Dean, prénom Jack, il n'avait pas osé James, était un petit gros, la calvitie avancée, avec des bottines orthopédiques, en costard nickel et cigare aux lèvres. Le Drug faisait sa fortune, il roulait en Bentley. Son renom de saper les plus frimeurs d'entre nous lui valait une nombreuse clientèle. Quelles que soient ses bonnes manières, le tailleur terrorise le client, c'est même un principe. À lui de confectionner sur mesure le vêtement unique, cousu main, qui doit s'adapter à votre morphologie singulière, tirer parti de vos défauts plutôt que de les masquer et des avantages que la nature vous a octroyés. L'édifice réside dans ses doigts de fée, que Dean avait boudinés. Au fil des essayages, le tailleur tient votre sort entre ses mains. Au final, le vêtement a toujours le dernier mot. Vous pouvez bien contester, ce qui est coupé ne se refait plus. Vous pouvez bien renoncer, mais vous avez perdu les arrhes.

Dean savait bizuter les nouveaux et embrouiller les anciens. Il avait un numéro réglé comme du papier à musique avec son coupeur, Fernando. Il était établi que l'ombrageux hidalgo détestait effectuer les retouches. Dean menait alors la négociation, appuyait si elles lui paraissaient convaincantes les modifications souhaitées par le commanditaire et arrachait à Fernando de se remettre à l'ouvrage. Même scénario pour les retards de livraison.

Philippe convoquait Fernando – « Holà ! coupeur », criait-il à l'hidalgo qui remontait quatre à quatre l'escalier du sous-sol. Un passe-droit. Dean avait pour Philippe toutes les indulgences, comme un proviseur subjugué par les frasques d'un cancre impérial.

Phil l'avait un jour gratifié de sa théorie du « détail qui tue ». Portant des chaussettes de soie noire, volées à sa mère, trouées à un orteil : « Tout est impeccable. Sauf ce détail – un trou – parce que je suis seul à le savoir et qu'il faut être paré à toute perfection. »

Pour les fringues, Phil avait plus d'une corde à son arc et des manies, comme de découper les étiquettes de ses vêtements. « Pas de marque, pas de trace », « Aucune autre empreinte que la mienne ».

Il avait la particularité de « porter à gauche » quand d'ordinaire le désaxement se fait vers la droite (rien de politique). Fernando connaissait sa rengaine par cœur : « Rééquilibre à droite, je porte à gauche. » Un sujet porteur. Une saillie de Phil aux clients de passage « Et vous, quelle est votre conformation anatomique ? », au moment critique de l'essayage. Affalé parfois l'après-midi entier dans un fauteuil à mater les clients, il se levait de temps à autre pour rectifier une broutille d'un mouvement sec, et se rasseyait en un soupir.

La coupe l'emporte sur la matière, qui l'emporte sur la couleur. Un vêtement va s'il tombe bien. C'est simple. Et plus c'est simple, moins ça se remarque. Rien ne doit heurter, c'est la clé du mystère de la silhouette, qui sublime le vêtement et est transcendée par lui. Aisance, équilibre : la quête de l'harmonie dans le style est un chemin de Damas.

Mais priorité aux détails qui tuent. Celui qui édictait la première règle avait gagné tout en sachant qu'il devrait la détruire dès qu'il serait trop imité.

Dans le tourbillon des saisons, la veste sans fente détrôna la « deux-fentes », excluant la « une-fente » avant qu'on revienne à la case départ. Longueur des fentes : sans excès. Épaules : étriquées. Poches : à rabat et non plaquées. Longueur des manches : un peu courtes pour que les poignets de la chemise dépassent de deux centimètres. Quatre boutonnières aux manches, les deux premières déboutonnées. Certains retroussèrent leurs manches, à la Cocteau « Rien d'audacieux n'existe sans la désobéissance à des règles », le temps d'un frisson. Revers : discrets avec boutonnière à gauche. Cintrage : accentué, mais il fallait qu'« elle tombe », un point c'est tout.

Démonstration de Phil. « Salut Mes robes, comment ça va, vieux ? » « Mes robes », un Drugstorien, buste immense, jambes arquées, le visage poupin, un air suranné, dont le surnom venait de la vanne « vieux comme *mes robes* ». Fernando ajustait les épaules de son blazer. « Mes robes » coupait les cheveux en quatre. Phil se leva, prit la craie des mains de Fernando, zébra la veste horizontalement de deux bons centimètres, et retourna s'asseoir sans un mot. « Monsieur

Philippe a raison, faut raccourcir la veste pour allonger vos jambes. »

Le fute, justement, fallait qu'« il casse » sur la claque de la chaussure. Revers obligatoire : frôlant les quatre centimètres. Poches de derrière : à rabats. Poches de devant sur la ligne de couture. Quatre pinces, forcément. Débat : tournées vers l'intérieur pour creuser le ventre et souligner davantage les couilles, ou vers l'extérieur, tendant le ventre et effaçant les couilles mais dessinant le pli moins nettement. Le miracle de Dean, c'est que ses sapes tombaient si bien qu'elles avaient l'air d'emblée fatiguées. Comme nous.

Un jour de janvier 1967, on avait touché du blé à Noël et revendu nos oripeaux de l'an passé à des minets de seconde classe au lycée. Phil, taciturne, feuilletait des liasses de Harris Tweed, Guy, l'air ahuri, était plongé dans la lecture de *Elle* (couverture : « Julie Christie vous chante sur tous les tons le Swinging London » en jupe Mary Quant jaune soleil.) J'essayais un costume trois pièces en velours marron glacé commandé avant les fêtes quand débarqua un jeune oncle de Phil, bourré aux as, on disait alors un vieux garçon, qui nous avait offert un verre, lait-grenadine, sans peau, au Drugstore, seule fois où je vis Phil un tantinet désarçonné. Son oncle (Guy : « On dirait Jacques Tata ») l'avait entrepris sur les profs de français, « Montherlant au programme ? *Les Olympiques* ? », le corps à l'image de l'âme, puis de l'anus à l'amour, les garçons, les gitons, les relations homosexuelles, incomplètes, « Miroir, mon beau miroir, ça vous connaît les minets ? ». Phil, moue désenchantée, vers moi : « Âme sœur, fraternité virile, mais c'est de l'amour évidemment, n'est-ce pas, mon chéri ? » Puis, avec un méchant rictus, vers lui : « Mais pour un million, je veux bien t'enculer, mon oncle. » Qui avait répondu « Non merci, mon neveu, pour un million, je veux bien t'enculer. Alors réfléchis. » Cousu de fil blanc.

Un rallye

Spirale gagnante. À la fin de la 2e C, la poursuite de mes études s'était résumée à « Redouble ou 1re D ». En 1re D, ça se terminerait par « Redouble ou terminale A ». Le Drug m'accaparait. Maths, physique, sciences nat', j'avais complètement décroché. Je ne foutais plus rien en classe. Seul le français me sauvait. À la rentrée, en remplissant la fiche de renseignements pour le prof, on demandait aussi la profession des parents, à la question « lectures de vacances », j'avais répondu *La Chamade* et *À la recherche du temps perdu* (3 volumes Pléiade havane) dont j'avais seulement lu *Un amour de Swann*, que, chauffe Marcel ! j'avais offert en poche à une jeune fille en fleur, Charlotte, dernière fille d'une famille dont un boulevard parisien portait le nom, en biffant le nom de Proust par le mien. À la fin du cours, le prof m'avait convoqué, suspicieux : « Sagan et Proust… Hum, hum. Point commun des deux livres ? » J'ignorais que Françoise avait choisi son nom de lettres en référence au prince de Sagan.

– Des emprunts, Monsieur.

Une tour de passe-passe qui lui avait fait bonne impression. Durable. L'imposture avait du bon.

Au Drug, on se retrouvait autour des marches le samedi vers 6 heures pour s'échanger les adresses des boums (la génération précédente disait surprise-partie, puis surpatte, puis surboum, on disait boum, fête viendrait après 68) et des rallyes (soirées dansantes, à l'origine en conclusion d'une compétition automobile) où l'on pourrait s'inviter. Avec Phil et Guy, nous sortions du Mac-Mahon. On s'était emmerdés devant *Le Mépris,* souvenir douteux, peut-être était-ce *Le Grand Sommeil* ? Mais les fesses fatales de BB au soleil, sa perruque brune féline et la moue idéale : « Pourquoi prends-tu cet air pensif ? – Figure-toi, parce que je pense à autre chose ! »

Nous aussi. Il était temps d'envisager des choses sérieuses.

Le P'tit Gilou passait par là. Le P'tit Gilou, blondinet imberbe, l'air si jeune qu'il semblait sorti de la Patrouille des castors, était la mascotte du Drug. Comment l'était-il devenu ? Personne n'en savait rien. On l'avait soupçonné d'être le petit frère d'un ancien mais peau de balle et peau de lapin. Il traînait volontiers avec les mecs de

Guy-Môquet, une bande de crâneurs descendus de Montmartre comme des Apaches attirés par les lumières de la ville. Wilfrid, le plus coté du groupe, ange blond, belle gueule à la Peter Fonda, détenteur d'une motocyclette Triumph, était grimpé dans la hiérarchie du Drug plus vite que quiconque auparavant. L'imposture avait de l'avenir.

Le P'tit Gilou s'était fait refiler par deux tocards égarés au Relais l'adresse d'une soirée villa Montmorency.

Boums et rallyes, voilà les lieux où la menace de la bande du Drug prenait corps, où sa simple évocation était signe de mauvais présages. Débouler à une dizaine, imposer notre présence indésirable à des héritiers dégénérés de rallyes rassis, minettes effarouchées, rentières guindées, minets chiants dans leur froc devant leurs idoles, snobinards de Janson fêtant l'absence de leurs parents en week-end, parvenus prêts à tout pour se croire « in », vieux beaux voulant tâter du biquet, vieilles carnes brûlant de renifler une haleine rebelle, saccager appartements luxueux et hôtels particuliers, tels étaient les exploits sur lesquels se tissait la légende du Drug dans les beaux quartiers, Neuilly et le 16e de prédilection, avec incursions dans les 17e, 8e et 7e.

La coutume voulait qu'on s'abrite derrière un ou deux frappeurs de la bande, et s'ils n'étaient pas de l'expédition, la rumeur était telle que nos victimes s'écrasaient sans coup férir. Les blousons dorés du Drug avaient le champ libre. Aucune concurrence dans la sauvagerie. Seuls détenteurs de la violence ou de son simulacre dans des arrondissements qui en étaient protégés. Dans ces années 60, les mondes ne se mélangeaient pas. Les adultes vivaient dans leur pré carré, avant que les teenagers leur imposent leurs modes. Les blousons noirs restaient dans leurs quartiers, la banlieue gardait ses codes, les immigrés étaient invisibles dans leurs bidonvilles.

Dans les bons jours, nous laissions quelques vestiges, verres brisés sur les bergères Louis XVI, valeur immuable des intérieurs bourgeois, réfractaires au design contemporain, nos pieds essuyés sur ceux de la maîtresse de maison, déshabillant une pouffiasse qui n'en pouvait plus, dégueulant dans des tentures de velours cramoisi, sans oublier de dénoncer le donneur d'adresse. Passer pour des sauvages nous réjouissait.

On arriva tous trois les premiers. Deux mecs nous ouvrirent avec circonspection. Un blond fadasse à l'accent traînant, sneûb, un brun boutonneux, Ray-Ban jaunes pour skier dans le brouillard à Megève : le duo de crétins du P'tit Gilou. Bienvenue. Ils sont une centaine à se trémousser sur Otis Redding. Aux murs, vu la ressemblance, le portrait de Papa par Buffet, à lacérer. Ça transpire sur le parquet luisant de whisky-Coca. Guy avise une Barbarella en bottines, se lance dans un jerk endiablé, bouscule son partenaire, elle rit – un peu bourrée –, il lui roule une pelle d'enfer. Elle aime ça. Elle frétille. Petit-ami se rebiffe, Guy l'envoie valser par terre. Trois potes du gars, rugbymen du dimanche au Racing, veulent jouer les videurs. Guy ricane. Phil, un éclair irrationnel dans les yeux, s'avance. *Soul Man*, les cuivres féroces de Sam and Dave.

Je n'ai jamais vu débouler autant de mecs du Drug. On pouvait en compter une bonne trentaine. Le grand « Kennedy » (rien que ce surnom), les Chouraqui, réputation de méchantes frappes – l'aîné avait collé du papier de verre sous ses mocs en croco pour bousiller les pompes de ceux qui s'approchaient trop près –, Gingembre (était-ce son vrai nom ?), le jeune frère Diop (seuls Noirs du Drug avec les frères Senghor), Titou le rouquin en col roulé cachemire noir sous blazer *navy blue* qu'il vente ou qu'il grêle, José, béké fortuné exhibait des bottines en daim à talon cubain de chez Anello & Davide, chausseur des Beatles, Daniel (futur rabbin) et Mickey (futur rosicrucien). Ils commencèrent par balayer le buffet Lenôtre. Puis cognèrent vite fait les quelques « bidons » qui se rebiffaient. La musique battait son plein. Les Drugstoriens roulaient, tanguaient, jerkaient comme des siphonnés. Les minettes surexcitées s'emballaient. Quand Phil, Guy et moi levâmes le camp, après avoir pissé en chœur dans un boudoir, la cave paternelle avait déjà pris un bon coup. Le vestiaire, une formalité, avait été amplement visité. Les Chouraqui faisaient le tour du propriétaire au premier étage. Au moment où l'on sortait du jardin, ils balancèrent une télé par la fenêtre.

On raconta qu'ils avaient déménagé dans un Range Rover les meubles qui avaient échappé au carnage. On ne les revit pas sur les Champs pendant quinze jours. Le bruit courait qu'ils s'étaient mis au vert et qu'on devait se méfier des indics. Ça n'empêcha pas Guy de revendre un briquet Dupont gravé aux initiales de notre hôte si prévenant.

Le minou

C'est Guy qui m'avait converti au poker. Il avait commencé avec Phil par plumer son frère et ses potes de Sciences-Po, dignes fils de leurs pères, avec des cartes biseautées jusqu'au jour où il s'était fait pincer par son aîné en train de remettre sous cellophane un paquet trafiqué. Le temps et la relance. Ça s'était réglé en famille à coups de poing. Guy était passé à la vitesse supérieure avec quelques cours de prestidigitation pour peaufiner son style. Phil avait fait ses gammes avec *L'Arnaqueur*. Paul Newman perd au billard devant le gros Minnesota Fats, tiré à quatre épingles après vingt-cinq heures de jeu. Lors de la revanche, Newman ne néglige aucun détail. Épuisé, il se rase, se coiffe, se change, et gagne. Phil avait appris la leçon : « Si tu veux jouer, porte une sape de tueur. » *Le Kid de Cincinnati*, remake de *L'Arnaqueur* au poker, remportait nos suffrages. Steve McQueen frappait fort d'emblée : « À quoi sert l'honneur si tu es mort ? » Mais c'est la réplique d'Edward

G. Robinson, « Tu n'as payé que pour voir, les leçons c'est en plus », que Guy sortait quand il raflait le pactole, abattait carte après carte un brelan de derrière les fagots comme s'il regagnait après un smash sa ligne de service en faisant durer le plaisir.

Une pluie sale assombrissait l'avenue de Wagram. Ce jour maussade de novembre 1967, Philippe était malade, Guy m'attendait, d'une humeur morne. Un poker annulé, Sabine, une des baiseuses qui tournaient autour du Drug, l'avait planté. « Pas de pipeuse à se mettre sous la dent. » Sur la platine tournait *A Whiter Shade of Pale*, comme rouler une pelle. Guy s'étirait :

– Et toi, Charlotte, tu l'as baisée ?

Je tirais la gueule.

– Allez, raconte, tu l'as baisée ?

– Qu'est-ce que ça peut te foutre ?

Mon éducation sexuelle était réduite à la portion congrue, un classique pour ma génération. Une discussion embarrassante avec mon père en guise de sésame. Un entretien en tête à tête qu'il s'était cru obligé de faire à la demande de ma mère après qu'elle eut remarqué qu'un exemplaire de *Justine*, savamment illustré, avait été emprunté dans la bibliothèque du salon. Mon père, après un long détour sur la place de Sade dans la littérature, m'avait demandé si je savais de quoi étaient faites les femmes. « Oui, bien sûr », lui avais-je répondu à notre soulagement mutuel.

Guy, changement de braquet :

– Fais pas la gueule, mon poussin, on va te dérider plus vite que ça.

Grimace de bon aloi.

– Charles, je te garantis un vrai cirque. Constance, il ne faut pas lui en promettre, sinon elle te bouffe tout cru.

Renâcler pour la forme. Monter par l'escalier de service à l'étage des chambres de bonne. Se retrouver sous les combles dans le nid encaustiqué de Constance, mignon petit boudin, envoyée de sa Bretagne natale à la capitale, dotée de solides références, à M. et Mme Bensoussan. Guy la baise en temps en temps. Il l'amuse. Elle pratique « la méthode à Gina » (la méthode Ogino, du gynécologue japonais Kyusaku Ogino, consistait à prévoir, grâce à un calcul statistique des règles, les moments où la femme ne risquait pas de tomber enceinte) et, pour plus de sûreté, le retrait avant l'éjaculation. « La méthode à Gina » avait une odeur de sexe. « Il y a un très agréable débouché sur les gorges de la vallée », disait Fanfan la Tulipe entrevoyant les seins de Gina Lollobrigida (quels lolos Brigitte a !), scène primordiale pour une génération.

Guy m'introduit fort civilement auprès de sa bonne. Précise que la dernière mode parisienne exige une motte rasée (ce n'était pas du tout le cas à l'époque, les chattes étaient velues comme l'origine du monde, et on les floutait – opaques – dans les revues cochonnes) et propose de faire office de barbier. « Monsieur Guy, toujours une idée pour rire ! » Je n'en reviens pas quand il commence à la déshabiller. Elle ôte sa culotte sous mon nez, attend un compliment. Sa peau est blanche, son corps robuste. Mon cœur bat à tout rompre. Le puceau reste muet et sourit sottement.

« Du minou, faisons table rase. » Guy badigeonne de mousse sa maîtresse. « Ne rigole pas, Constance, laisse mon blaireau te chatouiller la chatte. » Puis Guy la fait monter sur un tabouret pour qu'elle puisse se contempler dans le miroir du lavabo. « Barnum Circus vous présente Monsieur Guy, dresseur de caniche. » Elle rit aux éclats. Le rasoir crisse sur les poils qui flottent bientôt à la surface de la bassine.

– Il est tout chose ton ami, qu'est-ce qu'il a ?

– Il est toujours comme ça quand il commence à bander.

Je rougis jusqu'à la moelle. Le rasoir découvre un pubis lait-grenadine. Constance se poile, aux anges. Guy fredonne entre les dents « Et v'lan !

Passe-moi l'éponge ! », monte d'un ton en imitant l'air benêt de Fernand Raynaud :

« Au service militaire
Y fallait s'laver les dents
Y fallait s'laver le derrière
Les oreilles et tout l'restant ».

Entonne le refrain « Et v'lan ! Passe-moi l'éponge/Et v'lan ! Fais-moi guili » avec les mimiques du comique troupier préféré des Français.

Je suis écartelé entre la peur et le désir de rester. Tente une sortie.

– Tu déconnes. Désape-toi et fous-toi au pieu.

Constance éclate de rire.

– Oui, chauffe-moi bien le lit. Une p'tite bouillotte.

Guy se pourlèche les babines, s'agenouille et entreprend sa besogne comme un preux chevalier.

Elle glousse. Il lape la lippe. Elle pousse des petits cris aigus. Elle hoquette, se tient le ventre. S'agrippe aux cheveux de Guy. Il se redresse, les lèvres irritées à force de sucer son con. Hilare.

– Tu verras, c'est élémentaire, mon cher Galbert. Et ne t'inquiète pas, tu n'attraperas pas une chaude-pisse, ajoute-t-il en refermant la porte.

J'étais dégoûté par cette chambre sordide et ma veulerie animale, le cœur au bord des lèvres. Constance s'approche, passe sa joue sur le velours de mon fute, le déboutonne et le fait glisser à mes chevilles. Colle son oreille sur mon caleçon, écoute ma bite, tendue. La gorge me brûle. Ma tête explose entre l'envie d'une première baise et la honte. Je délace mes chaussures, ôte ma chemise. Constance s'est couchée sur son lit, jambes repliées.

– Tu te retiendras.

Je n'ai pas la moindre idée de la marche à suivre. Elle prend mon sexe, le frotte contre le sien, l'enfonce. Elle m'attire vers elle en me posant la main sur les fesses. Ses genoux frottent contre mes côtes. Mes mouvements sont gauches. Elle essaie de m'indiquer une cadence. Sa chatte est chaude. À peine je la pénètre que je me retire. Chaque fois, elle me rattrape par les reins et enfourne ma queue dans sa chatte. Je me retiens, me retire après deux ou trois coups de lime. Elle ne comprend rien à mon manège, ne soupçonne pas que l'ami de Guy est ignare à ce point. Je continue le concerto : trois coups de queue, retraite ; quatre coups, on évacue. Je crois qu'à ce rythme j'ai fait l'amour vingt fois ; qu'en la pénétrant, je la baisais. Je n'ai pas éjaculé, ça semble inouï, mais je ne m'étais jamais branlé, ignorant tout de la jouissance (j'avais bien cru que, pour embrasser, il suffisait d'apposer des lèvres muettes sur celles de son amante, avant qu'une Anglaise enfourne un jour sa langue dans ma bouche). Peut-être parce que je n'aurais jamais avoué à quiconque que j'étais puceau, et que plus le dépucelage tardait, plus il devenait irréel (une bonne enquêquette à mener sur mes condisciples), parce que parler de sexe était tabou, il n'était pas question de perdre la face, ou parce que j'étais particulièrement bouché. Je pensais être dépucelé, je me trompais.

Je me redresse et m'assieds au bord du lit. Surtout ne pas m'éterniser. Tout me répugne, et moi d'abord. J'allais manquer le dernier métro. Je ne pensais plus qu'à m'enfuir et saisis le prétexte de ne pas rater la dernière rame. Constance me propose de l'argent pour prendre un taxi. Comme je pars, elle m'attire vers elle, m'embrasse sur la bouche, sans passion, comme un reproche, et une compréhension.

Je balbutie un remerciement, une excuse minable. Je mis des heures à rentrer chez moi à pied pour m'écrouler sur mon lit, tel un chien.

Une fille

Au Drug, les filles étaient toutes des garçons manqués. Ou presque. Pas le choix : elles étaient intouchables ou méprisées.

Le Drugstore nous desséchait. À force de détruire de trimestre en trimestre les diktats esthétiques qu'adoptait la meute de nos poursuivants, nous avancions sans relâche. Pour Philippe, l'appel du néant prenait le pas sur l'orgueil infini de l'adolescence. Le regard des autres dont il avait joui (est-ce le mot juste ? on ne l'avait jamais vu avec une fille) finissait par disparaître. À force de repousser toujours plus haut la barre de la frime, il ne pouvait plus que se mesurer à lui-même. Impossible d'abdiquer. Ne jamais reculer devant un défi que Guy encourageait, lui, au contraire, par un appétit faramineux de vie. « Prends le volant, Phil, on n'est pas pressé. » Je le revois faire dix bornes, pas un mètre de moins, en marche arrière sur une départementale à 4 heures du matin, toit ouvrant sous la pluie normande, Guy à la place du mort, hurlant comme un loup-garou. Ou se faire rouer de coups au sortir d'une boîte, Chez Suzy, à Houlgate, pour avoir défié une bande de Rouennais qui admiraient ses mocs à pompons, si efféminés, si bien portés par Cary Grant, la séduction faite homme, des Alden « à glands » importés par Berteil. « Elles sont super tes pompes. Tu les as achetées où ? – Si tu trouves, minable, tu les prendras dans la gueule. »

Sur les deux rives de la Seine, Côte fleurie et Côte d'Albâtre, pays d'Auge et pays de Caux – Flaubert, Lupin, Maupassant en partage –, deux à trois cents jeunes se croisaient dans les boîtes à la mode week-end et vacances. Les quelques saisons de retard de la province sur Paris n'en avaient jamais fait un désert de minets et ceux qui auraient été « bidon » sur les Champs pouvaient trôner sur de petites bandes locales. Surtout, de Cabourg jusqu'à Dieppe, bourgeois parisiens et leur progéniture retrouvaient rituellement villas fleuries, planches et valleuses. Pour ma part, maison familiale à Varengeville qui accueillait nos virées, en l'absence des parents, et le cimetière marin où Phil passa une nuit couché sur une tombe.

Sur la falaise, une villa majestueuse qui hébergea Victor Hugo et ses descendants. La benjamine, Charlotte, dix-huit ans, avait tout de la

Drugstorienne (un mot inexistant) mais n'en était pas.

Charlotte ! Longues jambes, pas de poitrine, le nez légèrement cassé, un grain de beauté à droite de l'arête, défaut charmant, qui selon Stendhal cristallise le désir, la voix grave, les cheveux courts d'une insultante blondeur, sempiternellement vêtue d'un Levi's en denim (on prononçait léwis), avec un revers sur boots noires ou penny loafers rehaussés d'une pièce de six pence argentée. Haut variable : cachemire en V de mec, chemise oxford bleu ciel, et les jours troublants, un soupçon de féminité avec un chemisier en Liberty. Je l'aimais. Comme Cary Grant à Eva Marie Saint dans *La Mort aux trousses,* « Au moment où je rencontre une femme qui me plaît, je suis obligé de feindre de ne pas la désirer », tu parles Charles. Trois ans plus tôt, elle n'avait jamais daigné me regarder. Été 67, le Drug m'avait fait gagner du galon.

Ces derniers jours d'août, quand l'été bascule, qu'un soleil morose donne aux filles la chair de poule et aux garçons un semblant de tendresse dans les torrents pubères, l'impossible pointa le bout de son nez. Il était 3 heures du mat', sur la terrasse du casino. La respiration des villas endormies, le ressac de la mer, un slow de Dionne Warwick susurré comme une cigarette Kool. Paradis perdu, frissons célestes, violons à fendre l'âme. Je trouvais soudain sublime cette guimauve romantique. Le léger heurt de sa cuisse contre la mienne. Elle passa un doigt sur mes lèvres. Je respirai son souffle. N'avais qu'à me pencher. Reculais le moment de l'abandon. Devinais une impatience. Gagnais du temps... Un importun vint nous demander du feu. Charme rompu. Silence pesant. Elle me murmura à l'oreille : « Tu es un petit con », et me laissa en plan.

En septembre, pour lui donner quelques regrets, je lui proposai de venir un après-midi au Relais. Rendez-vous à Invalides – elle habitait sur la place du bon côté –, au milieu du quai (première classe, wagon rouge, ticket vert ; les secondes peintes en vert avaient un ticket beige). Surprise : Charlotte s'était mise en jupe, gabardine, trois plis devant, chemisier cintré en crépon et mocassins Céline à petits talons. Mollets de ballerine et chevilles fines, j'aurais dû succomber. Une vraie jeune fille. Trahison. L'impression insidieuse qu'elle était déguisée. Quelles réactions auraient Phil et Guy ?

En entrant dans la boîte, elle avait voulu me prendre la main, je m'étais écarté. Nous nous étions installés sur une banquette reculée. Guy vint se planter en face de nous, trépidant, à la lisière de la piste de danse. *Like A Rolling Stone*. Il s'immobilisa, ferma les yeux, comme pour une prière. Un gimmick. « On ne danse pas sur Bob Dylan », avait-il intimé à trois mecs au milieu d'une boum, les forçant à se rasseoir. Pour les frisés, Dylan fut une revanche. Quand je l'avais connu, Guy se passait une sorte de gomina sur les cheveux pour coller peu ou prou à la coupe Drug, cheveux raides et mèche tranchante. En 67, à Paris, avec un sacré retard à l'allumage par rapport aux éclaireurs anglo-saxons, Guy était à l'avant-garde en laissant pousser ses bouclettes en toute liberté. Mieux, pour lui, Dylan préludait à la fin d'un complexe. Tiercé gagnant (66, 67, 68) : Dylan, Moshe Dayan, pirate borgne de la guerre des Six Jours, et Dany Cohn-Bendit qui ferait entonner à une génération : « Nous sommes tous des Juifs allemands ». Fin du Juif victime, place au Juif triomphant. Le poète, le guerrier, le révolutionnaire : la Sainte Trinité selon Guy.

Mais nous n'en étions pas encore arrivés au rouquin de mai, qui n'avait pas les cheveux si longs que ça du reste, comme tout le monde. *Stone Free*. Secousses primitives. Guy en transe comme un Papou électrocuté par Hendrix. Charlotte se leva, se mit à jerker à son tour. Je fis l'indifférent. Un « bidon » vint danser en face d'elle : « Je vous connais, on ne s'est pas déjà vu à Courchevel ? » Elle me jeta un regard fragile. Je la dévisageais, de la tête aux pieds. Vertige de méchanceté. Rien, pas un sourire. Cadenassé. *Try Me*. Slow chavirant d'Esther Phillips. « *Why don't you try me ?* », « Si tu veux vraiment savoir », « *If I am longing for your kiss* ». Pas besoin de comprendre l'anglais. Elle passa ses bras autour du beau gosse un peu mou, il ne me revenait vraiment pas.

Je filai au bar comme si elle n'existait pas. Restais à dessein dos tourné à la piste. Au bout d'un long moment, Guy vint me parler : « C'est une rude. Elle a fait le Chemin des Dames. » J'essayai d'apercevoir Charlotte par-dessus son épaule. Et la vis remonter les escaliers. Sans se retourner.

Rive gauche

Fin 67, on était les trois seuls du lycée à se camer ; aujourd'hui, on aurait sans doute du mal à en trouver trois qui n'ont jamais essayé. Moins pour suivre les traces du Club des Hashischins (Gautier, Baudelaire, Nerval, Dumas, beaux mousquetaires) que pour le sentiment d'appartenir à un nouveau cercle d'élite. Drug/drogue. Au début, on se camait juste pour se foutre de la tronche des autres. Enivrés par des vapeurs de supériorité débile, ricanement contagieux.

À la Toussaint, Guy avait rapporté du Maroc vingt grammes de haschich, on disait hasch avant de dire shit. Un samedi soir où ses parents étaient partis en week-end, Guy nous invita à nous « camer ». Le mot était mystérieux. Il évoquait à la fois un exotisme, une transgression, avec l'inconscience de sa face noire. Comme pour le poker, le maître de céans possédait la technique. Ce qui semble aujourd'hui d'une banalité extrême, on ne l'avait jamais vu, ni dans la vie, ni au cinéma. Un rituel cabalistique : passer la flamme de son briquet sur le petit bout de hasch, émietter en fin gourmet les fines poussières vertes et brunes dans une coupelle en cuivre, les mélanger avec le tabac d'une Camel éventrée – quelques années plus tard, demander chez le buraliste Camel sans filtre + papier Zig-Zag dénonçait le consommateur –, rouler la mixture, un demi-ticket de métro pour filtre. Guy fit durer le plaisir, alluma le joint – un autre mot d'initié – en aspirant fort, toussota un peu. Puis le passa à Phil qui tira dessus comme un malade, deux, trois taffes. À mon tour. J'aspirai plus timidement. Le premier Doors (de la perception) tournait sur la chaîne dernier cri du salon. La révolution stéréo venait de se déclencher. Les sons prenaient du relief. Nos sens anesthésiés revenaient à la vie. La montée aiguë des nerfs, le flot grave de la circulation du sang. Phil, les yeux comme des fentes, se passait le pouce sur les lèvres comme James Dean, Guy était hilare, j'étais au diapason.

Le samedi soir, « fumer » devint vite une habitude. *Are You Experienced* ? Quel est le problème ? *Good Vibrations*, si l'on veut.

Pour s'échauffer, répétez « Papier, panier, piano » de plus en plus vite ou « la pipe du papa du Pape Pie pue », voire « Ivanhoé évanoui », une trouvaille... Décollage garanti. L'homme n'avait pas encore marché sur la Lune. Milieu de soirée, *Astronomy Domine* : « Jupiter and Saturn, Oberon, Miranda and Titania, Neptune, Titan, stars can frighten » dans un mégaphone. Courir comme des derviches tourneurs autour de la table basse du salon, haleter jusqu'à ce que l'un d'entre nous se pète la figure. Pour varier les plaisirs, on se posait de temps à autre chez Philippe. Dans un long corridor sans lumière, nous nous allongions chacun à notre tour. Noir total. Un impératif : rester impassibles quand les deux autres nous survolaient. On prenait l'élan de la course à un bout sans discerner l'obstacle à sauter. Un jeu de voyants. Parfois, en pleines vapes, un bon coup de pied nous atterrissait en pleine gueule. L'obscurité s'illuminait. Tout le plaisir résidait dans l'attente de la cavalcade assassine, les secondes duraient une éternité.

Guy officiait, jamais Philippe et moi ne nous sommes préoccupés d'acheter de la came. À Noël, il était revenu de Casablanca avec deux plaques de 500 grammes enroulées avec du sparadrap autour de son ventre. Les douanes n'étaient pas encore au parfum. Les institutions n'avaient pas pris la dimension des turpitudes de la jeunesse, auxquelles 68 donnerait un coup d'accélérateur. Le vol, un passe-temps, n'était pas répandu. Les commerçants ne se méfiaient pas, la société n'avait pas encore sophistiqué ses ripostes.

À la rentrée 67, à la surprise générale, rien n'était reparti comme avant. Nous étions de retour sur les Champs, mais le cœur n'y était plus. Au Styx ou au Relais, l'énergie retombait. Par une sorte d'accord tacite, la bande du Drugstore s'éteignait. Peu avant les vacances de Noël, un jour que nous nous y retrouvions, les minets qui continuaient leur cirque nous parurent les témoins d'un monde révolu. Plantons attardés du Drug, Rastignac au petit pied, ils frémirent à notre passage, comme si les anciens que nous étions devenus à notre corps défendant pouvaient redonner du sel à la légende et de la couleur aux ternes Champs-Élysées.

Nous continuions à traîner notre frime mais ailleurs. L'ultime dérobade du Drug avait été de s'évanouir, en laissant le champ libre et un mythe inutile aux « bidons » ravis. Le vent d'automne dispersait ses membres vers l'autre rive.

Nous croisions des têtes familières à Saint-Germain ou à Montparnasse. L'exil n'avait pas eu raison de notre arrogance. Couplée d'un zeste d'amertume car notre détestation des autres se retournait contre nous. Rien ne surgissait à l'horizon qui puisse donner une impulsion nouvelle à nos envies de destruction.

Nous promenions notre spleen insolent au Bonaparte et de temps en temps à La Coupole, où s'attablait la bande de Marc'O (Clémenti, Kalfon, Higelin). Quand on avait un après-midi à tuer, on passait écouter chez Pan dans une arrière-cour de la rue Jacob quelque Cream anglaise ou Vanilla Fudge d'outre-Atlantique. Les pressages anglo-saxons étaient nettement meilleurs que les français, qui, par-dessus le marché, mettaient souvent plusieurs mois avant de sortir. Un tour à La Hune ou au Divan – les librairies n'avaient pas été remplacées par des marchands de sac –, un larcin (vive les poches intérieures du trench), un citron pressé au Bonap'. Les temps changeaient imperceptiblement et quand un ancien, en maraude, demandait à Phil de ses nouvelles, il répondait, navré : « Je survivrai. »

Un hiver 68

Il faisait – 10 °C. Paris était sous la neige, comme tout le pays. Les grands froids, ces années-là, pouvaient persister près de trois mois. Un vent glacial soufflait sur la rentrée du second trimestre. Ils avaient déjà fait une descente deux fois en novembre. Sanglés dans des impers kaki, gantés de cuir noir, ils déboulaient au trot à une vingtaine, s'alignaient en deux rangées pour encadrer la porte d'entrée de Charlemagne, gueulaient leurs slogans dans un silence de mort, et distribuaient leurs tracts. C'étaient les mecs d'Occident et, d'une certaine manière, ce sont eux qui firent surgir la politique au lycée.

Dans un de ces établissements réputés du centre de Paris, aux premières loges de la future carte de l'agitation printanière, la politique ne mobilisait pas vraiment. Les élèves régurgitaient les discussions entendues autour de la table familiale. L'assassinat de Kennedy et la guerre des Six Jours avaient suscité une émotion sans commune mesure avec la présidentielle de 65.

Vingt ans après la fin de la Seconde Guerre mondiale, de Gaulle et Mitterrand étaient les représentants d'un vieux monde pour les baby-boomers, ceux dont l'année de naissance commençaient par un 5, l'Histoire en 1950 – milieu égocentré du XXe siècle (le XXIe tenait de la pure science-fiction) – et qui croyaient que l'avenir leur appartenait.

Au Drug, certains manifestaient quelque sympathie pour l'extrême droite sans que cela leur vaille la moindre cote supplémentaire. J'avais reconnu dans la troupe d'Occident un frimeur du Relais qui avait troqué son blazer à écusson pour un manteau gestapiste. Les pavés gelés, les saluts nazis claquant dans l'air vif. Cette violence mise en scène avait un goût rance. Un élève de terminale eut l'audace de refuser leur tract, ils se mirent à le tabasser méchamment. Personne ne trouva le courage de riposter. Quand les flics débarquèrent, les fachos, un nouveau mot au programme, s'étaient volatilisés. Nous apprîmes que le héros du jour était membre de la JCR (Jeunesse communiste révolutionnaire).

Les semaines suivantes, épaulé par deux « camarades » (encore une nouveauté) il mettrait à profit notre honte diffuse pour nous enrôler contre la guerre du Vietnam et en faveur de Che Guevara. Mais le bac se profilait, et jusqu'aux premiers jours de mai, ils restèrent trois militants. Sur huit terminales de trente élèves.

Guy, qui glandait en première année de lettres à la Sorbonne, venait me chercher de temps à autre à la sortie des cours avec Phil, qui redoublait péniblement dans une boîte à bac (Homo ça pionce).

Alors que les jours rallongeaient craintivement, Guy nous entraîna à Pigalle. Il avait rencontré une pute sensationnelle qu'il surnommait « Lèvres de velours ». « Elle te taille pas une pipe, vieux, elle te branle avec la bouche. Tu peux pas résister quand elle te murmure : "Vide tes couilles, mon poussin. Lâche ton foutre." »

Il vannait Phil « C'est pas pour toi, t'es impuissant » qui s'était dessiné à la lame de rasoir une balafre sur la joue, une marque de duelliste carbonisé au « différend d'honneur ». « Charles attend, c'est moi qui négocierai. » Je riais jaune. L'angoisse du puceau. On parlait fort, en dérangeant les mateurs. « Lèvres de velours » s'était absentée avec un client au long cours. Les plus belles redescendaient pour remonter aussitôt, le temps de fumer une cigarette. Adossée au mur du couloir d'un hôtel de passe, l'une attire la lumière : collant résille, jambes galbées, cheveux noirs casque de fer à la Polly Maggoo, et une balafre sur la joue gauche. Je déglutis : « Pour toi,

Phil » qui rétorque : « Un conseil. Si tu dois te rhabiller en vitesse, enfile d'abord tes pompes. » Guy demande : « C'est combien ? – 50 francs pour le timide. » Il lui fourre un billet dans la main.

Je la suis dans un escalier aux marches usées par la Javel. À l'étage une concierge me réclame dix francs pour un savon et une serviette élimée.

On entre dans la chambre. Elle me détaille.

– Tu n'as pas un peu plus, on restera plus longtemps ?

– Non. Désolé.

– Viens, dépêche-toi !

Elle ôte son chemisier, son soutien-gorge. Ses seins, « poitrine de statue et durs comme d'insensibles marbres ».

– J'ai un peu froid.

Elle s'approche, me déshabille consciencieusement. Gestes délicats. Je respire mieux. Elle ne dit mot. Je suis à poil. Elle roule ses collants. Elle n'a pas de culotte. M'indique le lavabo, lave mon sexe au savon de Marseille, presse le gland pour vérifier qu'il est net. L'essuie. Me guide sur le lit. Elle me suce un peu, doucement. Puis s'assied à califourchon, m'attrape la queue et la glisse dans sa chatte chaude. Je ne bouge pas, elle seule remue. Elle aspire mon sexe en contractant le sien. Je jouis brusquement. Révélation. Je lui dis merci.

– Comment tu t'appelles ?

– Charles. Et vous ?

– Lætitia.

– Lætitia (je pense « Elaeudanla Téïtéïa »). Heu, ça veut dire bonheur en latin.

– Te fatigue pas, mon chou.

Je ne dois pas avoir l'air dans mon assiette. La remercie de nouveau. Mes amis doivent m'attendre. En enfilant mon fute, je me repasse la scène de Clémenti, sourire d'acier et manteau de cuir noir questionnant Deneuve dans *Belle de jour* : « Qu'est-ce que c'est que cette petite tache brune ? – De naissance. – Ah, j'aime pas ça, rhabille-toi. » Nous aimions cette frime-là.

Lætitia me pousse sur le palier « À bientôt, mon chou. »

Sur le trottoir, aucune trace de Phil ni de Guy. Rien à raconter à personne. Vieille leçon : après la jouissance, la frustration.

Hop Hop Hop !

Ce premier vendredi de mai, Guy, inscrit en lettres à la Sorbonne, autant dire qu'il n'en foutait pas une rame, était sur la brèche. L'intrusion des flics dans l'enceinte de la vieille université pour arrêter les étudiants qui attendaient manu militari une attaque de fachos mettait le feu aux poudres. Divine surprise : le viol d'un sanctuaire déclenchait une nuit d'émeute.

Guy s'en était donné à cœur joie. Nous devions partir en week-end, il n'avait ressurgi que le samedi à midi après avoir fini sa soirée au centre Beaujon, plein à craquer (596 arrestations).

« Libérez nos camarades ! », mantra efficace, début d'un cycle vertueux. Répression, manifestation, arrestations, remobilisation sur le même thème. « À bas la répression ! », tournez manège.

Effervescence, exaltation, ravage, Guy avait pris son pied. Le dimanche, à l'heure de la messe – diffusée en noir et blanc, il n'existe que deux chaînes, la télé couleur balbutie –, Phil faisait grise mine, Guy nous emmena en touristes, comme nombre de badauds, sur la scène du crime. Constater les dégâts, sentir l'électricité de l'air, respirer les traces de l'incendie sur la chaussée encore poisseuse.

Le lundi matin, le lycée était en pleine agitation. Enfin, de quoi bousculer le train-train, rompre la morosité, changer le cours rectiligne des jours. Refuser d'entrer en classe, ne pas bouger de la cour. Certains profs nous soutiennent à demi-mot. Les lèche-culs n'osent se séparer de la troupe. Le surveillant général se montre compréhensif. Suspension des cours. Palabres. « Pourvou qu'ça doure ».

L'impertinence de façade, la fièvre de la destruction, la grâce exaspérée de l'adolescence, la provocation méchante, Guy, Philippe et moi en connaissions un rayon. Nous avions fait nos classes au Drug. Grotesque signe avant-coureur de mai, repère sismographique absolu, un ordre ancien s'était déjà évanoui avec la fin de la bande à la rentrée 67. La réputation des mecs du Drug de semer la terreur dans les beaux quartiers, saccageant boums et rallyes de la bourgeoisie constipée, nous donnait un curieux brevet contestataire. Pour notre trio de minets décadents, le Drug aux oubliettes et l'ennui en bandoulière, restait le mauvais esprit.

À Charlemagne, les terminales s'organisent. Discussions, résolutions. Le bac est proche, raison de plus pour foutre le bordel. Je suis élu à main levée « délégué de classe » avec un anar tendance Brassens. La matinée accouche d'un cahier de doléances à remettre au proviseur, en dix points : le droit de griller une clope pendant la récré, ne pas s'aligner en rang à la sonnerie, étudier Dada en classe (le Lagarde et Michard s'arrêtait à Apollinaire)... Tout ça creuse l'appétit. Après la réflexion, un peu d'action. On vote au débotté. Je mène l'assaut du lycée de filles voisin (la mixité n'existait pas à Paris, la pilule restait un mythe, le maquillage interdit et la blouse obligatoire pour les jeunes filles). La surgé a fait barricader la porte d'entrée. Leader improvisé, je vole une échelle de chantier. Comme d'Artagnan, j'escalade, bondis, atterris comme un chat dans la cour, et ramène ma mèche en bataille. Les lycéennes sont cantonnées dans leurs salles de classe. J'ouvre une porte. La prof me fusille du regard. Je hurle : « Camarades, brûlez vos blouses ! » Un début. Un échauffement.

Phil, qui sèche méthodiquement les cours de sa boîte à bac, m'a rejoint. Il veut en découdre. « Vos dix revendications, c'est de la merde.

Faites donc la liste des dix profs à exclure du lycée. Avec le droit pour chacun de leur foutre une baffe dans la gueule ! »

Guy nous a filé un rancard au Bonaparte dans l'après-midi : « Mettez vos golfs (Weston), la semelle accroche bien sur le pavé. Les Clarks, ça glisse, je me suis viandé deux fois vendredi. »

CRS et gardes mobiles (cravate pour tous, rangers, lunettes de batraciens, cirés noirs, mousquetons, têtes de con) : vingt mille hommes en armes dans la capitale, un par étudiant ou lycéen, dit-on. Ce soir, des jeunes gens nés après la guerre rencontrent à leur tour l'Histoire.

« Hop Hop Hop ! » À ces cris puérils, les cortèges s'échauffent tel un cheval au pas qui trotte avant de partir au galop. Ralentissent. Font face aux cordons des flics. Une répétition, bientôt un rituel : dépaver, desceller des grilles d'arbre, arracher les panneaux de signalisations, renverser des voitures, un bus à l'occasion. Barricades, charges, pavés et cocktails Molotov (bouteilles en verre, non consignées) contre tirs tendus de lacrymos et matraques, dures ou souples, elles font mal. Dispersion, ratonnades, arrestations, le dernier réduit tombe à l'aube.

Le vent de 68 bousculait la hiérarchie. Un changement d'ère dont nous sentions confusément qu'il remettait les compteurs à zéro. La frime changeait son fusil d'épaule. L'allure penchait du côté d'un rouquin hirsute narguant les CRS devant la Sorbonne en veste informe de tweed à chevrons. Vauriens déplacés, l'incandescence juvénile en action remisait nos désuètes élégances. Notre trio avait sauté dans le train en marche. Le fracas, le tumulte nous emballait. Chez Phil, dont le blouson d'aviateur portait des traces de lacrymos, l'air du vandalisme avait balayé le détachement. Il gobe une poignée de Mandrax, ces amphétamines importées de Londres, pour faire monter la tension. Deux nuits durant, en première ligne avec les Katangais, des blousons noirs, supposés ex-mercenaires du Congo, qui occupent une des ailes de la Sorbonne, il affronte les CRS tête nue, lunettes de motocycliste à la Lawrence d'Arabie (celles du film, quand il fonce vers l'accident mortel). Un sport comme un autre. « Au Racing, tous les courts de tennis sont occupés non-stop », dit-il, avant une charge, au chef des affreux jojos.

Au bahut, après les frayeurs nocturnes, les AG mixtes avec les lycéennes de Victor-Hugo et de Sophie-Germain se tiennent l'après-midi et ouvrent des perspectives. Je profitais de cette récréation inespérée. Pour le bac, dont les épreuves étaient prévues initialement début juin, une rumeur chassait l'autre. Il était question de l'accorder sur dossier scolaire lors d'un conseil de classe auquel participeraient des représentants des élèves, d'où l'intérêt d'avoir été élu délégué.

Guy courait comme un lapin : « Les coups de matraque, elles sont en ébullition. » Une « tomate » (pastis prolo + sirop de grenadine, le rouge est en vogue) en apéro avant l'offensive. Il saute sur les barricades comme un cabri. Succombe aux charmes d'une secouriste, brune sévère, « le portrait craché d'Irène Papas, un vrai canon de Navarone » et joue au blessé pour se faire bander.

Rendez-vous au Bonaparte. Phil est là.

Guy revient des chiottes : « On a vu Charlotte. »

– Oui. Et alors ?

– Elle était navrée de t'avoir manqué.

– Rien de grave.

Guy se tourne vers Philippe, qui me décoche un sourire navré. Remet sur le tapis :

– Alors, elle est comment Charlotte ?

– Inoubliable.

– Et ses pieds, comment ?

– Tendres.

– Hum, les chevilles ?

– Fines, si tu veux savoir.

– Les talons ?
– D'Achille.
– Mollets ?
– Galbés.
– Cuisses ?
– De nymphe émue. Ça te va ?
– Allez. Ses fesses ?
– De duchesse.
– Taille ?
– De guêpe.
– Seins ?
– Du calendrier.
– Minable. Dos ?
– Crawlé.
– Nuque ?
– Dégagée. C'est bon ?

Guy, tout en regardant Philippe :

– Oui, ton compte est bon. Cinq poncifs plus cinq clichés : t'es toujours puceau.

Mi-mai, le mouvement s'étend. On occupe. Renault débraye. Le nombre de grévistes décuple. Des millions de Français cessent le travail. Bientôt, on ne trouve plus d'essence qu'au compte-gouttes. Les épiciers rationnent. Spectre du marché noir. « Salaud d'pauvres. » Jeudi de l'Ascension, le mercure grimpe, sur le Boul'Mich on abat les marronniers, le vendredi, rive droite, on incendie la Bourse (elle flambe un quart d'heure), le dimanche les négociations de Grenelle commencent, le dernier jeudi du mois les gaullistes défilent sur les Champs, barons ivres bras dessus, bras dessous, minettes juchées sur les épaules de bourges soulagés, gorilles du SAC (Service d'action civique), patrons ragaillardis, peuple de droite (quésaco ?) préfigurant le raz-de-marée aux législatives. Fin du feuilleton de mai.

Vingt ans après que les bottes nazies eurent martelé les axes de la capitale, nombre d'élèves de terminale des grands lycées parisiens ont suivi une formation accélérée sur le terrain. Charlemagne comptait à la fin du mois une petite centaine d'émeutiers ou de sympathisants qui, de près ou de loin, avaient goûté à l'euphorie, raconteraient, réécriraient l'histoire, pour avoir été là au bon moment – comme leurs ancêtres qui avaient l'âge idoine pour prendre la Bastille en 1789 –, et ne rêveraient que de recommencer. Les nuits saturées de l'odeur acide des lacrymos, les lueurs rouges des grenades explosives, les éclairs bleus, les amphithéâtres enfumés et les rues chaudes à la dérive, les pavés arrachés en chapelet à la chaussée, la foule joyeuse assemblée autour du lion vert de Bartholdi au lendemain des premières barricades, les baisers volés à une jeune fille au minois de Joanna Shimkus, les cortèges radieux (« tous les garçons et les filles de mon âge »), les voitures calcinées, la lame de fond d'une génération spontanée, éberluée par l'écho de sa contestation, peuplée de réminiscences sépia de la révolution d'Octobre ou du Front populaire. « Sous les pavés, la plage », graffiti usé par le ressac, on trouvait du sable en déshabillant les boulevards, les ordures ménagères pêle-mêle sur les quais et les avenues formaient de drôles de mornes pendant qu'à la piscine Deligny (rive gauche, amarrée sur la Seine, a sombré depuis dans le fleuve), au cours des étranges accalmies d'un Paris sans voitures, les Parisiens bronzaient, sous le soleil exactement.

Les pompes à essence tout juste réapprovisionnées (vive de Gaulle), Guy filait à Saint-Trop' à tombeau ouvert « pour voir enfin une plage nue et une grève déserte ». Des usines étaient toujours occupées, les lycéens se mettaient à réviser. Victoire, le 1er juillet, les épreuves étaient réduites à des oraux. Français et philo. J'obtenais la moyenne ric-rac, mention passable, d'un bac en solde (le taux de réussite atteignait 80 % alors qu'il tournait habituellement autour de 50 %). Phil ne s'était pas même déplacé.

Été brûlant

La révolution en vacance, nous abandonnions l'Hexagone aux flics et aux congés payés. Guy avait négocié un bus VW d'occase avec des beatniks hollandais et fait recouvrir les motifs psychédéliques de la carrosserie sous une peinture de camouflage couleur shit. Destination Maroc, après un détour par Ibiza, un stop à Barcelone pour acheter des bottes en cuir de Cordoue – les « *Boots of Spanish Leather* » de Dylan – à la tige piquée d'arabesques chez un cordonnier près de l'embarcadère du ferry.

Trois jours avant le départ, mes parents, qui trouvaient le périple hasardeux, refusaient de financer l'expédition. Mais puisque je brûlais de découvrir le monde, ils me suggéraient un voyage plus formateur. Justement, un vieil ami de mon père, compagnon de Résistance, sorti major de véto en payant ses études avec ses gains au poker, émigré en Israël dès son diplôme en poche pour bâtir une nation, et devenu, après quinze ans en kibboutz, responsable du cheptel du pays, était de passage à Paris. Et proposait de me recommander sur le terrain.

Pas question. Au lendemain de la guerre des Six Jours, la cause était entendue : le Fatah vaincra !

Le soir même, veille de leur départ, Philippe et Guy s'étaient gentiment foutus de moi : « Tu nous rapporteras un keffieh. »

Dépit, désir d'exotisme... Rester seul en Normandie ? Le désert du Néguev valait-il les dunes de Ouarzazate ?

J'atterrissais deux jours plus tard à l'aéroport de Lod, Clarks sable, Levi's blanc cassé et, au cas où les soirées seraient fraîches, une vieille veste en poil de chameau. Que je maudissais sous le soleil qui chauffait la tôle de l'autocar me conduisant au kibboutz Magen, à la frontière du Néguev. Pis, une poussière fine maquillait mon visage et de larges auréoles maculaient ma chemise en madras. Accueil plus socialiste que militaire. Briefing. Dîner spartiate. Dépaysement certifié : kibboutznikim polonais et « volontaires » en majorité suisses-allemands. On m'installa dans un bungalow à partager avec un éphèbe grec qui me mit la main au panier en manière de bienvenue. Je le rembarrai vertement, éteignis la lumière après lui avoir intimé de me réveiller à 5 heures pour la cueillette du matin, ne fermai qu'un œil et finis pas tomber de sommeil. J'émergeai à 8 heures. Petite vengeance, mon colocataire était parti sur la pointe des pieds.

La rosée s'évaporait des oranges à vue d'œil. Au zénith, l'ombre des arbustes n'offrait plus aucun refuge. Retour au réfectoire. Exténué par la première demi-journée de travail de ma vie, je songeais à mes amis goûtant au repos du guerrier à Ibiza en étant loin d'imaginer qu'ils croisaient le réalisateur de *More* en repérage clandestin, que Guy s'essayait au naturisme mariné de méditation tantrique (trique à l'air) en compagnie d'une fée clochette hippie, et qu'ils lèveraient le camp de nuit après qu'il eut essayé d'arnaquer un ancien nazi – Phil avait giflé le nostalgique du Reich devant un gendarme franquiste, « mêle-toi de tes oignons, guignol ».

J'aurais repris le premier avion si ne s'était assis à côté de moi Harry, surfeur californien un peu plus âgé que moi, bouclettes à la Arlo Guthrie, pataugas effilochées, short kaki, un tee-shirt Fruit of the Loom avec poche cigarettes – pour Camel sans filtre (à défaut d'un paquet *made in Tsahal* ; les « volontaires » avaient droit à une cartouche par semaine, un kilo de café et un cake au chocolat) –, rien à voir avec le maillot de corps prolo de nos latitudes, que je lui échangeais contre une chemise Lacoste de l'Ancien Monde.

Il posait son sac quelques mois à Magen avant de poursuivre un tour du globe par l'Orient jusqu'aux vagues enchantées d'Hawaii via Kaboul, Katmandou, Goa, Bangkok, Phuket, Penang, Kuta, Tahiti, au rythme des saisons. La route des paradis perdus, défrichée par des éclaireurs qui se transmettaient, comme autant de mots de passe, adresses de lodges népalais, plages immaculées, losemen balinais, avant que le tourisme mondial ne commence à tout ravager au cours de la décennie suivante. Fin des seventies, tout serait cuit. Cet été 68, Harry appliquait la devise yippie : « Turn on, tune in, drop out », « Défonce-toi, branche-toi, lâche prise ». L'année précédente, avec Abbie Hoffman, Jerry Rubin et la fine fleur du *Movement*, il avait tenté de faire léviter le Pentagone. Là, non loin de la mer Morte, il se trouvait à mi-chemin de la déferlante parfaite, la Pipeline hawaïenne.

Fuck the system. Harry était le benjamin d'un petit clan qui tournait dans le même sens autour de la planète. Un grand blond de Detroit fuyant son incorporation pour le Vietnam partageait la couche de Sue, Mamma Freak joviale. Albert, Juif new-yorkais, avait renoncé à la vie « *straight* » de son « père avocat » pour chercher comme Siddhartha « le réveil de l'Être intérieur et mystérieux qui est en *lui* et ne sera plus *lui* », débitait des passages entiers de *Narcisse et Goldmund*, du *Popol Vuh*, livre sacré des Mayas, de la *Bhagavad-Gita*, et paternait Peggy, évadée d'une boutique de Carnaby, qui savait bourrer les shiloms comme personne.

Au fil des jours, je découvrais un nouveau monde. Ces camarades-là avaient une drôle de longueur d'avance. Le travail accompli, on fumait pour ressentir de bonnes vibrations quand mes premiers sticks de hasch l'an passé avec Guy et Philippe ne servaient qu'à ricaner des « bidons » aux étroits horizons.

Les nuits tombaient d'un coup. Un soir, une de leurs amies nous rendit visite. Ursula, 25 ans, yeux aigue-marine, cheveux courts décolorés par le soleil, vivait ici depuis six mois et passait ses journées, solitaire, à garder les moutons à cheval. Campée dans des rangers éculées, un short de l'armée épousant ses fesses musclées, des petits seins de ballerine sous un débardeur, un rire effronté. Je tombai amoureux sur-le-champ et n'osai lui dire un mot.

Les jours s'écoulaient, je désespérais de la revoir. Des ragots lui prêtaient une liaison avec un chef de kibboutz voisin, beau comme Paul Newman dans *Exodus*, ou prétendaient qu'elle était gouine. Je la croisai un beau matin à la cantine. Je n'existais pas à ses yeux.

Le travail m'emmerdait. Je changeais de boulot comme de chemise. Tour à tour ouvrier agricole, jardinier, terrassier, conducteur de bulldozer, nettoyeur d'étables, et enfin chargé de l'entretien de la piscine, une vocation par 40 °C à l'ombre.

Un mardi, couscous à la cantoche, après une fugitive apparition d'Ursula. Le pédé grec, qui me gardait un chien de sa chienne, fit son malin : « Ursula, ouh la la, se fait brouter le minou par ses biquettes. Bêê bêê, quand elle a bien mouillé, elle se fait enculer par les bicots. » L'occasion rêvée. Je lui mis une tarte et sortis dans le brouhaha. Sur la terrasse, je riais comme un idiot en massant ma main écorchée par les incisives du bel Hellène. Puis je pris un chemin au hasard.

J'avais fait deux kilomètres sous un ciel accablant lorsqu'un cavalier, un mirage, au ralenti, se dirigea vers moi. Ursula me prit en croupe. Le duvet frémissant de sa nuque dorée.

Le lendemain, je l'accompagnai. Elle m'apprenait à monter à cheval. Jusqu'au crépuscule, nous nous installions chaque jour à l'abri de palmiers pendant que les chiens surveillaient le troupeau. Sa « beauté convulsive » et notre ombre sur le sable donnaient la mesure du temps, brisée par les rares apparitions de bergers palestiniens, caravanes efflanquées de dromadaires, chèvres et moutons. Les battements de ses longs cils. Chaque aube rose, j'aimais Ursula et ne le lui montrais pas.

Elle avait passé son adolescence entre les rives du lac Léman et Hollywood, un père banquier, une mère starlette. Elle avait pris la route à la fin du « *Summer of Love* ». Jalouse de sa liberté, elle intimidait le jouvenceau gauchiste que j'étais, un jour que je voulus discuter du Fatah et du sionisme, elle me coupa sèchement : « Arrête tes conneries. » Je regagnai le kibboutz sans desserrer les dents. De temps à autre, quand je frimais un peu trop, elle passait sa main dans mes cheveux et bousculait les longues mèches que je retenais derrière mes oreilles. Je me recoiffais en la regardant méchamment.

Un soir, je la trouvai sur la terrasse, les yeux rougis. Elle avait pleuré. Je reculai quand elle me retint par la main. Elle m'attira contre elle. M'embrassa sur la bouche. Ses lèvres salées. Des baisers sur ses yeux clos. La lune insouciante se reflétait sur le soupçon de ses cernes. La nuit glacée du désert. Nous fîmes l'amour brutalement. « Sous la voie lactée, enlacés dans le sommeil du monde. »

Élan de tendresse, aveu de débutant :

– Je ne peux plus me passer de toi.

– C'est triste. Parce qu'il va falloir.

– Ah...

– Ne tombe jamais amoureux de moi.

Une vraie réplique de cinéma. Je me ridiculisai :

– On peut baiser sans aimer, non ?

– Restons simples. Oublie-moi, s'il te plaît.

Je partis. M'enfermai dans mon bungalow, puis filai chez Harry qui écoutait les Doors, assis sur le perron. *You're Lost Little Girl*. Il me confia qu'Ursula partait pour Istanbul via Chypre le lendemain. Un départ prévu de longue date et qu'elle avait différé pour moi. Je me dirigeai vers sa chambre. Tout était éteint. J'attendis. J'hésitais. J'aurais voulu. Je restai figé. Puis le cœur s'endurcit, je rentrai me coucher. Dans le noir, je pleurai sur un premier chagrin d'amour.

Je rentrai une semaine plus tard à Paris, dans la poche de mon tee-shirt, épousant la forme d'un paquet de clopes, une plaquette de hasch libanais (rouge), à comparer au kif marocain (vert) que devaient rapporter mes deux amis du Rif, ultime excursion de leur circuit quatre étoiles. À Tanger, à l'hôtel Minzah, Phil avait exigé la chambre où Brian Jones, prince de Joujouka, avait été largué par Anita Pallenberg une nuit de mars 1967, pour s'enfuir avec Keith Richards. Chambre avec vue sur docks, douanes et fantômes de

Burroughs et Kerouac. Panne du camping-car ; Guy n'y avait dormi qu'une nuit pour tester le matelas à Ibiza, trop de moustiques. Le temps de la réparation, voyage en train de Casablanca à Marrakech, en compagnie de poules, cochons et canards, sans savoir que Graham Nash l'avait fait deux ans auparavant. Retour à la casbah. Détroit de Gibraltar. Ferry. Parfum andalou. Algésiras. Guy avait fait descendre Phil pour passer la frontière seul dans le bus VW. Les douaniers avaient trouvé deux kilos de shit sous la roue de secours. Aller directement en prison sans passer par la case départ.

Révolution

Bien paumé au fond des bois, histoire d'éloigner l'agitation du Quartier latin, une riche idée d'Edgar Faure, ministre de l'Éducation nationale, construit en préfabriqués à la va-vite, le Centre universitaire expérimental de Vincennes était inauguré le 3 janvier 1969. Ça tombait bien. Guy était sorti de taule pour Noël – son père avait payé une fortune des avocats franquistes. On fêta les retrouvailles avec un cake au shit d'enfer ; il lima toute la nuit une vieille copine sans réussir à éjaculer, jusqu'à en avoir la bite bleue.

La fac était « ouverte aux travailleurs », un bon plan pour Phil sans bac, qui volait des livres d'autant plus facilement qu'il ne les lisait pas, à l'exception du *Voleur* de Darien : « Je fais un sale métier. Mais j'ai une excuse, je le fais salement. » J'avais passé un trimestre sur le pied de guerre. Une éducation sur le terrain par les classiques : la révolte des marins de Cronstadt, les conseils ouvriers de Pannekoek, l'épopée makhnoviste de

Voline, les Mémoires de Lacenaire « dandy du crime », Bakounine : « La révolution est plutôt un instinct qu'une pensée. »

Trois mois plus tôt, rentrée scolaire de tous les dangers, Phil, qui ne quittait plus un jean de cuir noir à la Jim Morrison, ceinture de conchas, d'argent navajo, voulait en découdre. « Ceux qui font les révolutions à moitié n'ont fait que se creuser un tombeau. » Je l'avais entraîné à la permanence de la Fédération anarchiste à la Sorbonne : « Bah, ça pue la naphtaline ». Plus chic, les cahiers glacés de l'*Internationale situationniste* ; on trouvait encore au kiosque Cluny le numéro 11, vert amande, « Dans le monde *réellement renversé*, le vrai est un moment du faux ». Un jeu de pistes, une réunion dans un bistrot de la Butte-aux-Cailles avec les théoriciens de la société du spectacle. Nicotine et kil de rouge. Verdict : « Manque de savoir-vivre. »

Un autre jour, nous avions pris en chasse Léon Zitrone dans les rues de Paris, le patapouf de la télé pompidolienne coincé au volant de son Austin mini. Action d'éclat dépassée par le crachat que j'enverrais dans la gueule de Michel Droit, bloqué dans un embouteillage place Saint-Sulpice – il remonterait sa vitre, ébahi, et se carapaterait sans demander son reste.

Nous avions acheté deux motocyclettes, une Triumph Bonneville (celle du tee-shirt de Dylan sur *Highway 61*) d'occase pour moi, violet métallisé, une Norton Commando noire pour Phil, dont il cramerait le moteur après avoir rempli le réservoir d'huile d'arachide. Les grosses cylindrées étaient rares ; quand deux motards se croisaient, ils se saluaient d'un signe de la main, on méprisait les premières japonaises, régulièrement un attroupement se formait pour contempler nos montures. Entre deux tempêtes sous un crâne, nous foncions nu-tête (le port du casque n'était pas obligatoire en ville) sur les routes et un monde révolu s'estompait sous les larmes de vitesse (200 au compteur, poignée dans le coin) que le vent séchait derrière nos Ray-Ban.

À la Toussaint, nous avions filé à Varengeville. La bourgeoisie « à la corruption endimanchée », teckel-loden-sac Vuitton, n'avait pas bouleversé ses habitudes.

Je n'avais pas revu Charlotte depuis plusieurs mois.

Je regardais la mer démontée du cimetière. Elle m'avait appelé. J'avais d'abord fait semblant de ne pas l'entendre dans les bourrasques. Puis m'étais retourné, l'avais laissée marcher jusqu'à moi. « Tu as bonne mine. » « Alors ce bac ? » me dit-elle d'une voix que je ne connaissais pas. Je répondis des banalités. Elle me semblait une étrangère. Elle entrait en droit à Assas. Rien chez elle n'avait changé sauf qu'elle était prête à coucher.

Ses parents étaient restés à Neuilly. La cheminée crépitait. Elle m'embrassa. Je l'avais tant désirée mais restais paralysé. Elle avait ôté son cachemire. Ses petits seins nus. Rien ne put m'empêcher d'être odieux. Je me reculai, je sortis. Gommer le passé.

Mettons que la vie était ailleurs. Cet automne, le Vieux Monde tressaillait. L'express de la révolution lancé à grande vitesse dans les décombres du gaullisme fusait comme le train blindé de Strelnikov dans les forêts russes de *Docteur Jivago*. La planète sursautait tous azimuts, chars russes dans la nuit de Prague, émeutes de Londonderry, massacre de Mexico, poings gantés de Carlos et Smith aux J.O., yippies ensanglantés de Chicago, batailles médiévales de la Zengakuren, maelström de guérillas urbaines. Soleil noir, Street Fighting Men : « De toutes parts, j'entends des bruits de marches et de charges, mec. »

Sous le soleil d'hiver, Vincennes ouvrait donc ses portes. Cocotte-minute de gauchistes et crème de profs. Deux départements obligés : socio et philo. Les rois Foucault et Deleuze, le baron Châtelet, les ducs Lyotard, Schérer, Rancière, Balibar, la marquise Cixous, la famille Miller

(Jacques-Alain psy, Judith égérie, Gérard chef), Lacan (une seule conférence, interrompue sous les lazzis, un agité se fout à poil sur l'estrade, Lacan clôt : « Ce à quoi vous aspirez comme révolutionnaires, c'est à un Maître. Vous l'aurez »). Vincennes avait éclipsé Nanterre comme base arrière de la guerre civile. La Gauche prolétarienne, on disait la « GéPé », créée en octobre dernier, distribuait déjà les bons points. Ses militants dictaient la loi par un cocktail de paroles tranchantes et d'actions violentes. Les habits neufs des maos-spontex, pour spontanéisme, étaient taillés sur mesure pour la petite dizaine d'anciens du Drug, qui en avaient oublié jusqu'au nom, mais qui par affinités sélectives reconstituaient un clan.

Un observateur aguerri aurait remarqué chez Mickey, jésuite cadavérique à la lippe jaggérienne, tel caban élimé de La Petite Jeannette à Trouville, chez cet autre, dont les lunettes cerclées et la peau laiteuse rappelaient le Lennon provo du bed-in pour la paix, suite 902 de l'hôtel Hilton d'Amsterdam, des Clarks sapin foncé, ou encore, chez Guy, une vieille veste sans fente en velours pourpre coupé par Renoma, invraisemblable en la circonstance, sur Jean-Marie, moustache, cheveux frisés et nez d'aigle en sosie de Zappa, une chemise rouge Brooks Brothers. La frime d'antan avait plié devant les discours plombés.

Ces fantômes du Drug avaient traité notre trio reconstitué (Guy avait largué la Sorbonne) de « révolutionnaires en culottes de soie ». Il fallait changer vite. Comme hier en reniant un shetland lavande adoré pour un cachemire abricot. Guy brûlait de foutre le bordel. La GP prêchait un style de vie simple et de lutte ardue. « Voilà ce dont nous avons besoin pour faire affluer le sang neuf prolétarien. » Faudrait voir. Phil n'en avait cure. La mystique du peuple, il s'en tamponnait.

Établis

C'était un rendez-vous de la semaine. La foule se pressait au cours de Deleuze qui servirait de matrice à *L'Anti-Œdipe*. Veste de charbonnier lustrée, ongles longs qui l'empêchaient d'écrire à la machine (c'est Michel Tournier, à l'époque où ils vivaient en communauté avec Claude Lanzmann et Serge Rezvani sur l'île Saint-Louis, qui s'était chargé de taper son premier manuscrit ; en 67, Gilles Deleuze écrirait la postface de *Vendredi ou Les Limbes du Pacifique*), le philosophe en imposait aux gauchistes les plus sectaires. Nous étions là en touristes, la fac disait auditeurs libres. Sans penser un seul instant à passer le moindre examen. Du reste, la GP ferait bien les choses en établissant une liste de militants méritants qui obtiendraient les UV (pas solaires, unités de valeurs) sans travail ou même sans présence aux cours ; un cadre de l'organisation faisait passer un cahier mystérieux avec les précieux noms aux profs, forcément sympathisants ou gare aux représailles. Pas question de handicaper les camarades sur le terrain. À la fin de la première année, Guy et moi – vive les héritiers ! – étions carrément crédités de deux fois plus d'UV que nécessaire.

Après un déj à la cafèt' sonnait l'heure de l'AG, quasi permanente, dans le grand amphi, ou de réunions de cellule, tabagie et dialectique. Un peu d'action : balancer les urnes des élections universitaires dans le petit bassin ; rosser quelques attardés de l'Union des étudiants communistes puis transformer le campus en camp retranché dans l'attente d'une expédition punitive de nervis du PC collabo et de gros bras cégétistes qui ne se pointaient jamais, finalement ; régler leur compte à quelques contestataires. L'AG traînait en longueur. Après une prise de parole intempestive, nous expulsions manu militari Alain Badiou, sanguin, fier-à-bras, et son groupuscule, huit à dix sectateurs à tout casser. Nous étions une trentaine les doigts dans le nez. Mêlée de chiffonniers, je foutais mon pied au cul du futur zélote de Pol Pot. Toujours ça de pris. « La confusion est grande sous le ciel, la situation est donc excellente », disait Mao.

Cols relevés de crainte d'être filmés par les caméras des RG, on allait quérir à l'ambassade de Chine, avenue George-V, *Le Petit Livre rouge*, couverture plastifiée, 427 citations, 33 chapitres, 390 pages, format minipoche en français et mini-mini-poche en chinois, dites-le en chuintant. Benny Lévy, notre dirigeant, alias l'invisible Pierre Victor, parlait de « fulgurances poétiques ». Dans le texte : « Les masses populaires sont dotées d'une puissance créatrice illimitée » tout en pouvant « ne pas être conscientes subjectivement de leurs besoins ». Hum, hum, à nous donc, hérauts de la GP, de pointer leurs aspirations, les synthétiser et renvoyer l'ascenseur. Un chemin ardu, briser l'indiscipline individualiste petite-bourgeoise – gaffe, les maximes du Grand Timonier démasquaient révisionnistes et opportunistes – et accepter l'école intransigeante du prolétariat.

Un idéal bolchevique, une vision ensoleillée de 36, il faut vivre comme les masses populaires, assénait *La Cause du peuple*, journal de la GP. L'établissement en usine avait l'onction d'une entrée dans les ordres. « Montjoie, Saint-Denis ! », les plus énergiques enfilaient le bleu de chauffe comme on avait pris la croix pour conquérir Jérusalem.

À l'époque, les ouvriers n'étaient pas loin. Les usines dans Paris, Citroën à Javel et Renault à Billancourt, au sommet de la hiérarchie, Krak des Chevaliers, « quand la forteresse du prolétariat éternue, la terre tremble ».

Ma première expérience en usine s'avéra calamiteuse. Ouvriers méfiants, les plus jeunes rigolards devant les slogans que je débitais en singeant une langue prolétarienne, le seul à s'y intéresser était le délégué CGT, un mec solide, lecteur zélé de Zola, qui m'avait conseillé de plier bagage avant que de sérieuses emmerdes ne me dégringolent sur la gueule. L'implantation de Guy tourna à la farce quand, après une nuit blanche, il avait garé la Ferrari (rouge coco) paternelle dans une impasse proche de son atelier. Phil se fit démasquer à l'embauche, mains trop blanches, ton déplaisant, « un ange de moquerie blasée passe ».

Les élans fraternels butaient sur le réveille-matin même si je jouissais de « vivre intensément » en circulant à contre-courant de mes semblables, de goûter le privilège des transports en commun à l'aube, du premier métro de 6 heures jusqu'à Marcel-Sembat (danse brésilienne) ou Javel (récurer les écuries du Capital) parmi les prolos endormis, déjà voûtés sur l'amer quotidien de la chaîne. Que nous trahirions, une fois repris le cours bourgeois de nos vies, la « camomille empoisonnée » du milieu et la réussite désespérément banale.

Pour l'heure, pas un des établis de la GP ne pensait un jour gagner de l'argent ou faire carrière. En oubliant qu'ils ne couraient aucun risque s'ils étaient licenciés, et que les ouvriers le savaient. Pour évacuer la culpabilité, l'angélisme se payait de fatigue, ennui mortel, abrutissement, apéro, tiercé, au point que certains y perdraient leur vie.

À l'abnégation, nous avions vite préféré avec Guy les actions d'éclat, allumer l'étincelle qui mettrait le feu à la prairie (les clichés faisaient rage). Justement, la GP exhortait à la résistance contre les patrons nazis et les syndicats collabos, une étonnante récupération du mythe de la Résistance au temps du gaullisme honni, dont les barons avaient été des rebelles de la première heure. Une orientation parachevée le 18 juin 1971 quand Maurice Clavel, l'homme qui, à la tête des FFI, avait accueilli de Gaulle sur le parvis de la cathédrale de Chartres, inviterait Jean-Pierre Le Dantec, rédacteur en chef de *La Cause du peuple,* à déposer en compagnie de Jacques Debû-Bridel, ancien membre du Conseil national de la Résistance, une gerbe au Mont-Valérien et fonderait le même jour avec Sartre l'agence de presse Libération.

Les vampires du Capital exerçaient leur terreur sur le prolétariat. La peur devait changer de camp. La ligne préconisait des initiatives spectaculaires : sabotage, cassage de gueule – « un patron, ça se séquestre ; un petit chef, ça se mate » –, grève sauvage. La mission était simple : se faire embaucher, provoquer un incident (saloper la production, briser la chaîne), frapper (où on voudra, quand on voudra) un contremaître traître, un mouchard, un chef de la sécurité, un nervi du patronat (rayer les mentions inutiles), en décupler l'écho grâce aux clandestins déjà établis, déclencher la grève, séquestrer un patron.

L'aristocratie des établis se calquait sur celle du prolétariat : métallurgie, sidérurgie, automobile, les mineurs avec une auréole singulière. L'Organisation avait du mal à s'introduire dans le périmètre des usines « fascistes » de Citroën et Simca.

Bon plan : une boîte d'intérim recrutait pour Hachette-Javel. « Vie chère, vie d'esclave, assez ! » Des tracts ronéotypés, traduits pour les immigrés, sensibilisaient depuis quelques semaines les manœuvres de Hachette.

Cadeau Bonux, Guy parle un peu arabe. Nous avons été engagés sans encombre. À mon étage, une cinquantaine d'ouvriers, maghrébins en majorité, empilent des livres sur des chariots et les transportent vers des monte-charges. Répétitif. Exténuant. Oui, les bouquins, ça pèse. Un petit chef haï surveille la tâche.

Une demi-heure avant la pause déjeuner, quand les ventres crient famine, une tactique, je stoppe mon chariot et allume une tige. Une poignée d'ouvriers rigolent, les autres me jettent un regard inquiet. Je renverse une pile d'encyclopédies. Un brave mec veut m'aider à les ramasser. « Pas la peine, camarade, le putain de p'tit chef a qu'à se remuer le cul. » Bien vu, il débarque en trombe. M'arrache la clope du bec. Je l'insulte : « Tu veux mon poing dans la gueule, pourri ? On n'est pas des chiens. » Il sort un sifflet et file. Je scande : « À bas les p'tits chefs » en espérant que les opprimés reprennent en chœur.

Un bide. Je continue le cirque, le poing levé, martelant du pied : « À bas les p'tits chefs ! » Ils me prennent pour un barjot. Le contremaître ramène sa fraise au galop avec un malabar. Hum, hum, plutôt mourir que d'appeler à l'aide. Je sonne l'olifant. Les établis sont censés rameuter leurs ateliers. Que dalle. Macache Oualou. Eh, eh, Guy est arrivé, sans s'presser. Balance une prune au premier, un marron au second, et entre en transe tel un gnaoua d'Essaouira. Saute très haut et hurle : « Aux chiottes les p'tits chefs ! » en sabir marocain. Ponctué de « Tu l'as dans le cul ! ».

Succès garanti, trois immigrés battent des mains. Cadence infernale ! La thérapie ne dure qu'un instant. Les salauds de la maîtrise ont prévu un itinéraire de délestage, beignes à l'appui. Terminus, tout le monde descend, les garde-chiourmes nous flanquent à la rue.

Phil nous attendait pour casser la croûte. Il avait dégoté à Barbès une chemise chinoise de métallo, de la marque Filou – ça ne s'invente pas –, bleu nuit, sur laquelle un gros badge Mao rouge sang et or était du meilleur effet.

Un trip

« *Whoo, whoo... pleased to meet you.* » On était entrés en force. Une centaine au bas mot. La bonne occase : le concert des Stones au Palais des Sports, encerclé comme un quartier de haute sécurité par un déploiement record de CRS. 22 septembre 1970, quatre jours après la mort de Jimi dans son vomi, un peu plus d'un an après celle de Brian Jones – inaugurant le fameux club du suicide à 27 ans – célébrée à Hyde Park dans un lâcher de milliers de papillons blancs qui mourraient avant la nuit sur le gazon anglais. Jumpin' Mick – Peter Pan et Winston Churchill dans un même corps – révolutionnait les canons de beauté. « Laisseriez-vous votre fille sortir avec un Rolling Stone ? », leurs trognes de repris de justice détrônaient les aimables Beatles à l'heure du divorce. Ce mélange détonnant de blues noir et de soul blanche, de rock minéral et d'effervescence pop, d'énergie suicidaire et de rébellion affichée. Une acmé.

Jagger survolté, captant l'air du temps au point de faire monter sur scène un porte-parole de la GP. « On a raison de se révolter », proclama, le poing levé, Serge July.

Carton d'invitation au *Beggars Banquet*. Aux meilleures places, Saint Laurent et sa bande (Pierre, Thaddée, Loulou, Betty...). Le pouvoir aux mendiants. Guy : « Place au peuple ! » Phil : « Attention chiens enragés. » Nous avions dégagé sans ménagement les privilégiés. Dehors, le grondement des combats, dans l'enceinte les braises de *Gimme Shelter*, les vapeurs sataniques du *Midnight Rambler*, le déhanchement feu follet de Mick et, sur un ampli, la pharmacopée personnelle de Keith : deux bières, une bouteille de Bourbon, un Coke. Tout casser pour le rappel, escarmouches incendiaires de rigueur sur la route du retour. À la hauteur de Montparnasse, une drôle de halte : un Anglais éberlué nous demande de l'aider à retrouver les clés de sa Bentley tombées dans le caniveau ; on compatit, on cherche, pas de bol, il faut repartir, les CRS pointent leur museau.

Il est bientôt 1 heure du mat' quand on arrive à Saint-Germain. La bonne heure pour le Rock'n'Roll Circus (la boîte ouvre à minuit). Le père de Guy lui a coupé les vivres mais sa mère lui file de l'argent en douce, et surtout il a la cote avec Brigitte, la physionomiste qui donne le sésame. Ce soir, ni Pierre Clémenti, ni Roger Waters, mais Julien Clerc qui joue dans *Hair* (théâtre de la Porte-Saint-Martin) et que Guy croise aux chiottes (dans lesquels Jim Morrison s'effondrera l'été suivant) : « Il a dû bouffer un *chili con carne*. » Phil : « *Hair*, c'est de la merde ».

On quitte la rue de Seine pour un plan dans un hôtel particulier rue de Varenne, chez la fille d'un acteur célèbre, don Juan au cœur à gauche.

Dans le salon, quelques membres de la troupe de *Hair* (encore !), deux mannequins habillés chez Jean Bouquin, l'ombre de Jean-Pierre Kalfon dans un coin, des assistants-réalisateurs à la pelle, une dizaine d'habitués de La Coupole, des gauchistes bon ton. Les joints tournaient.

Un demeuré, vague jumeau d'Anthony Perkins vérolé, Stetson vissé sur le crâne, nous proposa des Yellow Sunshine (buvards de LSD, à dissoudre sous la langue). Phil en avala deux. Guy se pencha vers moi, il avait reconnu dans le généreux donateur d'hallucinogènes Mériol, fils unique de milliardaire, un bidon qui traînait autrefois sur les Champs, sapé à la Bonnie and Clyde. Après un bref conciliabule sur la provenance de l'acide avec Mickey, rhétoricien mao, praticien parano, nous tentions l'expérience. *Machine Gun*… bombardements sur le Mékong, hululements vaudous et guitares lance-flammes.

Un zombie se prenant pour Hendrix, mordant les cordes, branlant le manche d'une guitare imaginaire, se planta devant nous, tirant la langue comme un crotale. Délicat ! Phil fixa l'énergumène d'un regard à lui glacer le sang. Le mec se réfugia en couinant sous l'aile de notre hôtesse, une connaissance de Guy, un sourire flou comme le voile de coton safran de sa tunique. Un large ceinturon afghan, boucle d'argent serti de corail, soulignait ses hanches. Ses charmants pieds nus sur un kilim... Le bracelet de poil d'éléphant tressé à son poignet vibrait...

Le premier crépitement des neurones, signal de la montée. Comme à travers une moustiquaire, les hallus rappliquent ric-rac. La musique envahit mes poumons. Le bracelet s'anime, oscille, pulse, éclate, pétille, tourbillonne. Fish-eye. Le cœur bruisse, les battements des nerfs s'amplifient. Contrôôôle. Guy rit. Phil se casse.

Ah, j'entends les couleurs. *Machine Gun*. Pensée mitraillette. Je cloue des mots désarticulés. Beat, Attitude. Béatitude. B.A.Attitude. Béat-Attitude. BABAttitude. L'illumination d'avoir accès à un langage codé : je bredouillais B.A.-BA d'un air entendu. La vie allait trop vite, l'esprit trop lentement. Arrêter la radio intérieure, sur grandes ondes, le bavardage perpétuel. Abstraction. Baliser l'incommunicable. A, B, Babstraction : la Bastraction ! Le pied, mec ! Télépathie à bloc avec Guy. Le courant passe en continu. Nous étions placés sur une orbite molle, un goût métallique sur la langue. Au loin, comme dans un miroir incurvé, les passagers vaquaient à leurs occupations. Une fille s'approche de moi. Charlotte ! Elle me dit « Charles et Charlotte sont les mots qui vont très bien ensemble, touais touais bien ensemb' (sur l'air de *Michelle ma belle*)... Touais touais bien ensemb'... ». Puis se volatilise.

À l'aube, nous avions entamé notre retour dans l'atmosphère quand la porte du salon s'entrebâilla. Le papa propriétaire des lieux, qui venait dire bonjour à sa fille, écarquillait les yeux devant la vingtaine de convives amorphes. « Comique métaphysique ». Nous étions saisis de la même évidence : l'acteur faisait son entrée comme dans un film de Sautet. Too much ! Ce fut Mériol qui éventa le truc. Se levant énergiquement, il lui intima : « Coupez ! On refait la prise, s'il vous plaît ! » Rideau. Estomaqué, l'acteur fameux referma la porte au ralenti devant un parterre d'acid freaks en transe.

Du coup, Mériol le naze remonta en flèche dans notre estime. Quand il nous proposa d'aller prendre un petit déj' chez Carette, place du Trocadéro, où il conservait ses habitudes, la proposition incongrue de revisiter en descente de trip les charmes fanés du 16e arrondissement nous séduisit. De la Coccinelle décapotable de Mériol, le monde recollait ses morceaux.

Chez Carette, rien n'avait bougé, mêmes dames compassées, mêmes enfants de bourges-têtes à claques. Et trois étudiants bien mis d'école de commerce, la lie du capital. Nous nous foutions de leur gueule, mépris mao conjugué à l'arrogance du voyageur stellaire (initié aux drogues ayant accédé à des niveaux de réalité interdits au commun des mortels, sans blague). Cool. Mériol faisait le mariole, trop content d'être accepté par ceux qui n'avaient pas même daigné le brimer autrefois. Il deviendrait une figure de l'underground friquée, on ne disait pas encore gypset, mais ne cesserait de vouloir nous épater, comme pour mieux mesurer son ascension.

C'est ce matin-là que Guy et moi, la bouche encore pâteuse, commençâmes à parler une sorte de « petit nègre ». « Ma pa'ole, mon ché'i, eux être des gros cons. » Retrouvant, pour parer à la difficulté d'articuler défoncé, d'ajuster les mots aux sensations, et pisser de rire, les accents des Incroyables et des Merveilleuses, qui sous le Directoire, ne prononçaient pas les « r ». « C'est divin la 'évolution, admi'able ».

Révocul

« C'est pas dans la ligne, coco ! » Rémy, farfadet teigneux, bleu de chauffe et casquette assortie, interpellait une petite bande se dorant aux tièdes rayons d'un soleil d'octobre sur une pelouse du campus. Notre cadre de la GP venait de nous surprendre en train de fumer un joint. Ça ne plaisantait pas.

Guy, boule afro, dents blanches et sourire carnassier : « Fais pas chier, c'est recommandé par les Black Panthers. » Ricanements séchés par Philippe, mèche ténébreuse : « C'est pas un pétard qui m'empêchera d'allumer un flic aujourd'hui. » Phil, « né révolté comme on a les yeux bleus », ne militait pas. Il passait à Vincennes pour tuer le temps. Et Rémy savait compter sur notre réputation de têtes brûlées. Paris était en état de siège pour le procès Geismar, dirigeant de la GP, en grève de la faim avec Le Dantec et Le Bris, directeurs de *La Cause du peuple*.

Automne 1970, bientôt deux ans que Vincennes avait ouvert et que la GP tenait le haut du pavé. Sans elle, Guy et moi n'aurions jamais vu un ouvrier ou un immigré de près. Notre mauvais esprit relativisait le dogme, faisait de nous des militants approximatifs et de piètres établis. Mais l'Organisation nous jugeait assez fiables pour commandos et opérations brutales.

« La bourgeoisie a noyé l'extase religieuse, l'enthousiasme chevaleresque, la sentimentalité petite-bourgeoise dans les eaux glacées du calcul égoïste », lisait-on dans *Le Manifeste du Parti communiste*. Entre Rimbaud et Marx, entre le *Manifeste du surréalisme* et *Le Capital*, entre « jouir sans entraves » et « tout le pouvoir aux Soviets », quelques contradictions redoutables.

Au rempart imprenable du Drugstore avait succédé la cité interdite de la Gauche prolétarienne. On aurait pu déceler chez les maos les héritiers du phalanstère drugstorien : une sorte de dandysme dans la nébuleuse gauchiste. Posture saugrenue. La Chine était loin et nous n'en connaissions que des leurres, une baseline bandante, « la Révolution culturelle » (Révocul pour les intimes).

Les « mao-spontex », ces nouveaux partisans staliniens (trotskistes, gaffe au pic à glace) ou spontanément anarchistes (tendance Ravachol), autoritaires ou libertaires selon les heures, régnaient sur les mêmes fils de la bourgeoisie, des facs aux portes des usines, car les prolos ralliés au mouvement se comptaient sur les doigts de la main (par-dessus le marché, un certain nombre se révéleraient des indics). À Vincennes, la GP ralliait, sans qu'aucun de nous ose l'avouer, une dizaine de minets de naguère. Pensée taboue mais dialectiquement juste : même morgue de la horde, même sentiment d'appartenance à une caste, même prétention à dicter les canons du siècle, même menace de la revanche, même apologie de la terreur, même talent pour l'exclusion, même appétit pour l'humiliation, « maos masos », disait Guattari. Du passé faisons table rase, du présent démolissons, de l'avenir détestons. Un repli élitiste, un langage codé, un infantilisme de meute.

Guy m'avait rejoint par goût de la castagne, de l'énergie ambiante, des rebelles belles belles, et pour contrarier ses parents qui n'en imaginaient pas tant. Quelques coups d'éclat du fiston : incendie du siège de la banque Rothschild (à refaire), attaque du commissariat de Mantes-la-Jolie, occupation du CNPF (Conseil national du patronat français, ça a une autre gueule que MEDEF), incendie au cocktail Molotov du bureau des Houillères à Hénin-Liétard, la campagne « métro, c'est gratuit », le vol de 30 000 tickets à la station Passy – plutôt snob –, gracieusement offerts aux banlieusards gare Saint-Lazare, et, cerise sur le gâteau, pillage de Fauchon, un nom prédestiné, à la Madeleine, pour redistribuer pâtes de fruits sans rivales, truffes et foie gras dans les bidonvilles de Nanterre à la stupeur des immigrés. Sabotages anti-riches, « porcheries à rupins », kilos de purin déversés sur les tapis persans du Plaza, cadavres de rats catapultés à travers les baies vitrées du Negresco, un festival…

Du côté de l'ordre établi, délire similaire : la parano était de mise et Marcellin, « Raymond la matraque », ministre de l'Intérieur, décoré de l'ordre de la Francisque, « vichysso-résistant », avait fait voter la loi « anticasseurs » instituant le délit de participation à une manifestation et la responsabilité collective, punissant de deux ans d'emprisonnement toute personne ayant participé à une manif interdite. Oui, à quelques mois de la mort du Général, retiré à Colombey, on n'était pas si loin de mesures fascistes. Première cible de la répression, numéro 1 au hit-parade des arrestations, la GP publie dans ses Cahiers « Pour la Résistance » et grossit les rangs de ses sympathisants.

Les partisans maîtrisent l'image. Au printemps, Sartre et le grand chef mao Benny Lévy se sont attablés à La Coupole où Jean-Paul et

Simone déjeunaient tous les dimanches. Le Bris et Le Dantec sont en taule, le philosophe accepte de prendre la direction de *La Cause du peuple*. « On n'emprisonne pas Voltaire », avait dit de Gaulle pour justifier l'indulgence du pouvoir à l'homme qui refusa le Nobel. À pied d'œuvre, entre Bonaparte et Deux Magots, Sartre, Beauvoir, François Truffaut, Sami Frey et Patrice Chéreau distribuent sauvagement le journal interdit et sont embarqués en panier à salade sous les flashs des photographes.

Le 21 octobre 1970, cité à comparaître au procès Geismar, Sartre refuse la convocation des juges. Et apparaît à Boulogne-Billancourt, place Bir-Hakeim. Nous sommes deux cents : quelques ouvriers égarés, et nous pour la figuration. Les grilles de Renault sont cadenassées pour nous empêcher d'entrer ou que des ouvriers puissent sortir (une collusion vigiles/CGT). Juché sur un baril (de poudre), le philosophe en canadienne cartier-bressonienne harangue la foule avec un mégaphone, et tonne d'une voix frêle contre la justice de classe. Des flics en civil grouillent. On s'était repliés au trot. Les bottes cordouanes de Phil frappaient le pavé. Sur les photos d'archives, encadrant Sartre, nos blousons de cuir ont la bonne patine, les badges épinglés au col sont flous.

Le lendemain – ou était-ce dans l'après-midi du même jour ? –, à Vincennes, notre cadre Rémy regroupait une vingtaine de militants sûrs à l'abri des regards. Au loin, la sono diffusait le chant navrant des nouveaux partisans de l'ex-chanteuse yéyé Dominique Grange, pompé sur l'hymne de Druon et Kessel. « Écoutez-les, nos voix qui montent des usines/Nos voix de prolétaires qui disent y en a marre. » Notre trio ne mangeait pas de ce pain-là. Tiercé gagnant, dans le désordre : Stones, Led Zep, Who. Le dirigeable de plomb, envol et pesanteur, nous transportait. *You Shook Me*. Leur premier concert à l'Olympia, démarré à minuit, après un récital de Nana Mouskouri, nous avait estomaqués. La fureur rauque de Plant, le blitzkrieg de Page, la Gibson gémissant sous les coups d'archet. Jamais le rock n'avait été aussi brutal. Pas même les Who, quelques mois après, au Théâtre des Champs-Élysées, un concert explosif, Townshend, moulinets et sauts démentiels, combinaison de pompiste et Doc Martens de terrassier, Phil avait fait un aller et retour à Londres pour en trouver une paire, réservée aux manifs.

Un coup de semonce sur les périls de la défonce, « Ouais, si t'es drogué, tu peux dénoncer un camarade sans même t'en rendre compte », et Rémy donne la consigne. Opération secrète.

Le complot, névrose originelle du groupuscule. Mythologie de l'armée des ombres. Un premier rancard dans Paris, à gagner en ordre dispersé pour éviter les filatures. Un second à la sortie d'une bouche de métro, Rémy nous attend mine de rien, chuchote « 'Tention, pas plus de deux ensemble ». On se fond dans la Mouffe comme trois touristes en goguette. Nous gagnons le sanctuaire de la rue d'Ulm, pépinière de la GP. Rumeur : Gédéon en personne, un autre masque de Benny Lévy, déroulerait le plan d'attaque.

À Normale, ça bouillonne. Le Quartier latin est quadrillé. Depuis 68, les moyens de répression se sont sacrément modernisés. Les cars de police d'avant guerre, sans protection sur les pare-brise, ont fait place à des bus flambant neufs (grillage, garde-boue, blindage...). La maréchaussée a refait sa garde-robe. Reste une petite tare, les flics en civil qui pullulent sont repérables à leurs godillots réglementaires.

Tout chevelu a droit à un contrôle vigoureux. Les brigades motorisées, un motard et son passager muni d'un grand bâton, rôdent. Mot d'ordre : « Pas un flic ne sortira vivant de Paris insurgé. » Cible : les trois cars de « Spéciaux », mieux entraînés, plus jeunes et moins lourds que les CRS dont l'équipement ne permet pas de charger sur plus de cinquante mètres. Objectif : au cœur du dispositif policier, l'angle du boulevard Saint-Germain et de la rue Saint-Jacques.

Nous sommes une centaine. Demandez le programme. Trois groupes. Porteurs de cocktails, lanceurs de pavés, costauds aux barres de fer. Une grande carte au mur précise les lieux où stationnent les flics. Notre circuit, au pas de course, en évitera deux, l'hélico n'aura pas le temps de nous repérer, mais nous serons signalés par talkies-walkies en franchissant la rue des Écoles à hauteur du Collège de France. Les ordres fusent. Guy vérifie ses cocktails, Philippe ajuste ses gants de cuir noir, soupèse une barre à mine, la fait vibrer dans l'air, je préfère le pavé parisien, qui tient bien dans la main.

La troupe s'anime en silence. Centurie légionnaire, elle gagne en cadence sur la chaussée interdite. Même souffle, même foulée, griserie du combat, et d'un coup, à cent mètres du but, un haka de All Blacks. Rugissements. L'épouvante a changé de bord. Les flics en pleine digestion s'extirpent de leurs cars. Confusion. Flash, un fourgon brûle, deux torches humaines, le macadam s'enflamme, une grêle de pavés s'abat. Coups sourds des barres de fer. Les cris, le sang qui gicle.

En un éclair, nous nous sommes fondus dans le décor. Dispersion immédiate. Je marche vers

Notre-Dame comme un passant tranquille. Le cœur qui cogne, j'oblique vers l'île Saint-Louis. Dans mon dos, des pas précipités. Giclée d'adrénaline. Je fais un effort surhumain pour garder mon allure. Chancelle quand une main frappe mon épaule. Me retourne. Philippe me regarde, aux anges : « Viens, on va se prendre une glace à leur santé chez Berthillon. Aux marrons glacés. »

De son côté, Guy avait fini la soirée chez une des rares filles du commando. Clémence au prénom trompeur, douces taches de rousseur et mauvais caractère, une idylle révolutionnaire ?

La Cause du peuple relata nos faits d'armes avec sa modération habituelle : « Les jeunes partisans attaquent les cars des porcs des Brigades d'intervention, quatre sont grièvement blessés, l'un, qui a reçu un cocktail dans le groin, flambe comme une résine… » Verdict de Guy : « Si c'est de la poésie, je suis trapéziste. »

Dans les annales

Phil avait du mal à supporter Mickey, qui ne décollait plus Guy. Une antipathie vieille comme le Drug. Pis, Clémence, la nouvelle petite amie de Guy, lui tapait sur les nerfs. Passée par la GP à Vincennes, elle faisait partie de l'avant-garde du MLF qui avait déposé en août une gerbe sous l'Arc de triomphe à la Femme inconnue du Soldat inconnu. « Nous sommes toutes des mal-baisées », la révolte contre la morale macho des gauchistes avait de la tenue. La GP soutenait la lutte de nos sœurs comme autant de satellites autour de son noyau dur. Le torchon avec les mecs ne brûlait pas tout à fait, les questions qui seraient débattues dans les premières AG du MLF, « Faut-il ou non continuer à reproduire les mâles ? », « Comment couper les couilles des hétéros-flics ? » en gestation, les jambes, objets du désir, toujours épilées (quelques pionnières ne se rasaient plus les aisselles).

Clémence, mauvaise humeur sensuelle, et sa cadette, plus portée sur la fumette, régnaient en maîtresses sur le deuxième étage, avec terrasse, d'un duplex dans le quartier de la Nouvelle Athènes, non loin du musée Gustave-Moreau. Les parents occupaient l'appartement principal. Le père, requin de la finance, entretenait malgré lui les amis de ses filles. Herbe à foison, une spécialité maison : les caramels au hasch, à base de lait concentré Nestlé, réfrigérateur et congélateur (une denrée rare) copieusement garnis, dévalisés toutes les nuits. Il ne posait qu'un oukase : ne jamais croiser les parasites de sa progéniture. Pas de problème, on n'arrivait pas avant minuit, on repartait toujours avant le chant du coq. Guy, gendre quasi officiel, les pères respectifs faisaient des affaires, était autorisé à vagabonder à toute heure. Pour une obscure raison de baignoire squattée en plein milieu d'après-midi, Mickey, incrusté depuis quelques semaines, vivait sous la menace d'une expulsion, s'il avait le malheur de rencontrer le pacha mal luné.

Nous devions ce soir-là aller voir à la Cinémathèque de Chaillot la projection unique de *Chappaqua*, film culte de Conrad Rooks, descente aux enfers junkie et désintox à la tronçonneuse, avec apparitions de Burroughs (Opium Jones), Ginsberg (Messie) et Ornette Coleman (Mangeur de peyotl), musique de Ravi Shankar et Philip Glass. Le genre de moment où, sans qu'ait circulé la moindre invitation, les initiés se retrouvaient au cœur du réacteur, tous, sans qu'il en manque un à l'appel, conscients que le nouveau monde leur appartenait, reliés par une même vibration avec le sentiment intense qu'ils partageaient quelque chose d'exceptionnel, qu'ils étaient les éclaireurs d'une génération qui imposerait ses valeurs et ses coutumes, pour le meilleur et pour le pire, à leurs parents. Tout était à portée de main.

Puissance de l'air du temps, « souffle de la contestation », lieux absolus où il fallait se trouver : la manif pour Langlois de février 1968 où Godard, Renoir et Nicholas Ray prennent la parole tour à tour avant les matraques, les avant-premières d'*Easy Rider* rue du Dragon ou d'*El Topo* à Chaillot, les concerts de Pink Floyd au Théâtre des Champs-Élysées en 69, ils prennent un thé à la menthe sur scène, du Velvet (Lou bougon, Cale au taquet et Nico laconique) ou du Mahavishnu Orchestra (McLaughlin en blanc immaculé) au Bataclan, de Manassas à l'ancienne gare de la Bastille, Steve Stills et sa bande en costume Nudie, *Find the Cost of Freedom* a cappella, en 72, l'année même de l'enterrement de Pierre Overney.

La veille de *Chappaqua*, Guy, rentrant à l'improviste, avait assisté à une scène d'apocalypse. Mickey, accroupi sur la terrasse, essayait de mettre le feu à un tas de merde. Justifications embarrassées de l'animal : coincé à l'étage car le papa irascible faisait, une fois n'est pas coutume, la grasse matinée, il avait été pris d'une irrésistible envie de chier. Les chiottes des sœurs étaient engorgées. Mickey avait patienté, guettant, les boyaux tordus, que le paternel daigne s'absenter. La matinée écoulée, il s'était libéré dans le lavabo. Il avait essayé d'évacuer la commission avec pour résultat immédiat de le boucher. Pris d'une lueur, il avait rempli à la petite cuillère un verre à dents de la matière fécale, pour aller la déposer sur la terrasse. Après d'innombrables allers et retours, il avait consciencieusement déblayé le lavabo (le siphon demeurerait obstrué, mais il nierait, profondément outré). Restait à évaporer le témoignage de ses exploits. Eurêkaka : faire disparaître la merde en fumée. Il avait donc arrosé les excréments d'Heure bleue de Guerlain. C'est sur ces entrefaites que Guy l'avait découvert, assis sur les talons, marmonnant des incantations sioux, en train d'essayer de faire flamber son petit monticule marronnasse. Guy secoué d'un rire hystérique, Mickey, flippé, avait décidé d'émigrer.

Bon présage, on devait retrouver Mériol qui se vantait d'avoir dépanné de cent dollars Burroughs une nuit de manque. Mickey se voyait déjà colocataire avenue Henri-Martin, dans l'aile dédiée au fils prodige, qui traçait sa route depuis notre rencontre. Mériol préparait un *Billy the Kid* dont il jouerait le premier rôle au côté de Jean Seberg. Il produisait et mettrait en scène. Il avait acquis le jumeau de Crin Blanc, une selle du cirque de Buffalo Bill, des éperons en argent à roulettes, et apprenait la « monte à l'américaine ». Peter Fonda était censé faire de la figuration. Des délires mégalos de défoncé, des baratins de frimeurs, on en connaissait un bout, mais Mériol remportait la palme. Et pourtant, il était devenu un intime de Peter Fonda et de Dennis Hopper le plus simplement du monde. Il avait expédié deux télégrammes sur un même canevas : à Dennis, je suis l'ami français de Peter, et vice versa. Il avait posé ses valises sur Sunset Boulevard au Château-Marmont, loué une Mustang et débarqué dans le « Mud Palace » de Dennis à Taos (Nouveau-Mexique), où le réalisateur se remettait du tournage aberrant au Pérou de *The Last Movie* (au dire de Hopper lui-même, « le tournage n'était qu'une longue orgie de sexe et de drogues »), y avait flambé quelque temps, puis avait rendu visite à Peter qui créchait alors à Laurel Canyon. Depuis, Mériol s'affichait comme go-between parisien des deux icônes. Comme saint Thomas, on attendait de voir pour y croire.

À la Cinémathèque, Mériol était accompagné d'une grande Anglaise blonde dont la ressemblance avec Nico était si frappante que l'on crut un instant qu'il s'agissait de la diva de velours. Au sortir de la projection, l'air « cool mais pas cool », concept de camé qui résumait l'essence des choses, il nous annonce, ayant adopté la langue de notre dernier trip : « Nous passer voi' ami amé'icain ». Il gare sa Coccinelle devant le George-V. On toque à une suite. Peter Fonda nous accueille. On s'installe. « *Don't bogart the joint my friend.* » Mériol dégaine d'un étui à cigare une « moustache », deux joints opposés reliés au milieu par un filtre en carton. Far out, man. Ça s'embrase synchrone. Amabilités, banalités zen, l'ange sauvage nous sert des tequilas. Soudain, Mériol se lève : « Excuse me, Peter, nous avoir meeting. »

Le sosie de Nico a eu le flash de sa vie. Mériol exulte. On poursuit chez lui le road movie. Guy, Mickey et moi nous affalons en rang d'oignon sur le divan de sa chambre, bien décidés à ne pas montrer qu'il nous a bluffés. Alors, il monte d'un cran. Sur la platine, le râle de Burdon, la fièvre de War : « Tobacco Road, yeah/ Tobacco Road, hmm ». Mériol ahane. Nico se désape avec je-m'en-foutisme. En deux temps, trois mouvements, elle est à poil. On tombe des nues. Mériol, un Stetson rivé sur ses cheveux gras, baisse son froc. Elle lui taille une pipe. Puis rampe vers le canapé, déboutonne mon jean. Je suis mal à l'aise, m'en inquiète auprès de Guy : « Ça me fait pas vraiment bander. » « Faut pas te forcer, mec », répond Nico, qui parle français comme nous, sans le moindre accent. Elle n'est même pas anglaise, c'est dingue. Guy, les roubignolles à l'air, la queue flasque, ébranlé d'un rire tonitruant : « Allô, Houston, we have a problem du côté des roustons. » Éclair de génie, il s'agenouille et lui lèche la chatte comme un dément. Nico savoure, lâche : « *Thank you, man.* » Mériol roupillait comme un sonneur dans son rocking-chair.

On s'échappait avec la groupie en laissant en otage Mickey. Dehors, la nuit était fraîche. Nico nous embrassa timidement avant de suivre sa route. Pris d'un soudain remords, nous remontions sur la pointe des pieds chez notre hôte, volions sa collection de disques, raflant la boîte à « moustaches » et marquions sur la porte cochère : « À mort phallo, le peuple aura ta peau. »

Martyr

Phil s'était procuré un flingue. Guy filait le parfait amour avec Clémence. Je trouvais les nouveaux Cahiers de la Gauche prolétarienne, *Élargir la Résistance,* qui prônaient la construction d'une sorte d'armée de l'ombre, assez délirants pour me donner envie de quitter l'organisation.

Des nuages rageusement gris défilaient sur Paris. Entre deux giboulées, les nappes de gaz glissaient sur les pavés du 18e arrondissement, au pied de la butte, dans le dos du Sacré-Cœur, cette grosse meringue construite par souscription pour expier les crimes des communards. « Étonne comme l'éclair, frappe comme la foudre. »

Mars 1971, centième anniversaire des « damnés de la terre ». Cinquante anars et maos refluaient depuis plusieurs heures devant l'ennemi. Un hélicoptère bourdonnait au-dessus des rues livrées à elles-mêmes. Nous venions d'incendier un break malencontreusement garé devant une permanence gaulliste, dont le rideau de fer avait résisté aux assauts de Phil. Les cirés noirs des CRS se rapprochaient. Semblant de halte. Guy, foulard d'outlaw imbibé de jus de citron, yeux maquillés au bicarbonate de soude, d'une efficacité relative contre les lacrymos, a entrepris de renverser une 2 CV qui fait des bonds et bascule en couinant.

La course reprend. Les yeux pétillent de joie, la peur reléguée en embuscade. Un vent mauvais balaie la rue Championnet. On tourne à droite. Devant, les Maréchaux déserts. On s'engage. Maldonne. Des cars déboulent. Des gendarmes mobiles giclent en blouson de combat. Derrière nous, à portée de tir, les CRS progressent, frappant en rythme les boucliers de leur matraque. Débandade. Cul-de-sac. Le hall d'une HLM s'offre à nous. Erreur d'aiguillage. On s'engouffre en trombe dans un gymnase. Descente aux enfers. Les rangers des Mobiles martèlent le carrelage. « Tuez-les ! » À la lueur de néons blêmes, la salle de sport sans témoin. Carnage en sous-sol. Trois molosses me soignent en particulier. L'un me tire par les cheveux, l'autre me mouline avec sa matraque, le troisième m'astique la gueule avec la crosse de son mousqueton. Flic-floc. Une gifle de caoutchouc, un coup de crosse. Les premiers impacts font très mal. Après, la douleur anesthésie. Je hurle pour que ça cesse, c'est tout.

Pourquoi ne me suis-je pas évanoui tandis que je prenais la branlée de ma vie ? Le coup qui m'a énucléé, à moitié, je ne l'ai pas senti plus que les autres. J'étais supposé donner des coups, pas les recevoir. Finie la rigolade. Si j'avais été un peu plus clairvoyant, j'aurai pressenti que cette manif sonnerait le glas de mon désengagement (mon œil).

On nous a balancés dans un car, mains sur la tête. Une grande asperge de VLR (Vive La Révolution) qui distribue *Tout* à Vincennes, boucles à la Tim Buckley, un filet de sang dégouline de ses cheveux sur son visage de chérubin : « Est-ce que je peux avoir un bout de coton, m'sieur ? » Malgré l'angoisse, j'ai comme une remontée d'acide en descente de trip, syncope de rire siphonné. Un Mobile se rue sur lui, l'étrangle. L'angelot vire cramoisi. Phil se lève à l'instant où l'adjudant harponne son homme : « Arrête, Marcel, tu vas le tuer ! » L'ordure se laisse calmer. Phil le fixe, articule : « Crève, Marcel. » Le plouc, un Chtimi, brigade de Saint-Omer, je l'apprendrai par la suite : « Si y en a un qui bouge, j'lui défonce sa tronche de pédale. »

La cohorte des fourgons s'ébranle. Je vois trouble du côté droit. Sens un chapelet de bosses émerger comme des champignons en passant une main dans mes cheveux. Comprends que quelque chose cloche. Guy ébauche un sourire compatissant. À la hauteur de Barbès, transfert dans des paniers à salade. Un gradé m'examine : « Pour le blessé, direction Hôtel-Dieu. »

Deux flics prennent le relais. Le trajet dure. Mains boursouflées, lèvres enflées, un goût de sang pas si désagréable dans la bouche. Je n'arrive plus à ouvrir l'œil. Commence à flipper. À l'Hôtel-Dieu, une hâte, me regarder dans la glace. Demande à aller pisser. M'appuie sur le lavabo et, pour le coup, manque de tourner de l'œil. Arcade sourcilière fendue comme un oignon, j'ai la gueule de Richard Deshayes, militant de VLR défiguré le mois d'avant par une grenade à tir tendu, dont l'affiche crie encore vengeance sur les murs. Retour en enfance. Grâce à un externe, j'appelle mes parents, tombe sur ma mère, l'avertis.

Le temps des formulaires à remplir, ils sont là. À ma vue, ma mère se maîtrise difficilement. Mon père parlemente avec les flics, leur signe une décharge. Ils s'éloignent. Bref examen de l'interne de service. Mon père discute avec lui à voix basse. Je respire, éprouvant le sentiment, ignoré depuis longtemps, d'être protégé par mes parents. Et ne percute pas vraiment quand le médecin m'annonce que je risque d'avoir un œil crevé.

Je passai presque un mois à l'Hôtel-Dieu sans me douter une seconde que l'hôpital dissimulait sous les combles des chambres contrôlées par la préfecture de police, au cœur même de l'Assistance publique. Deux mois après, le journaliste du *Nouvel Observateur* Alain Jaubert en ferait les frais, avant que son tabassage déclenche une commission d'enquête, lancée par Claude Mauriac, Deleuze et Foucault, qui avait été à l'origine du GIP, Groupe d'information sur les prisons.

Une infirmière m'avait dit qu'un flic était venu poser des questions. Mes camarades de la GP s'étaient abstenus de me rendre visite pour des raisons de sécurité, une parano connexe. Guy, en maman juive, avait apporté des pâtes de fruits aux infirmières pour qu'elles me cajolent. Et m'avait réservé une visite-surprise : Charlotte, croisée au Bonaparte, émue aux larmes par la version héroïque de mes malheurs que lui avait servie Guy. Chance, j'avais retrouvé visage humain, et je pouvais faire bonne figure sans m'apitoyer sur mon sort. La raclée subie m'avait traumatisé, je le cachais soigneusement. Les anxiolytiques m'attendrissaient, j'aurais pu aimer Charlotte. La faute au spleen du convalescent. La politique ne l'intéressait pas le moins du monde, tant mieux.

Le dessin de ses clavicules, la grâce musclée de ses bras nus, fenêtre sur paradis. « Il ne faut pas le fatiguer trop longtemps », à son départ, Guy me demanda si elle m'avait fait bander. Moue dubitative. Changement de registre du docteur Bensoussan : « Ça ira mieux quand on aura retrouvé Marcel. Pour un œil, les deux yeux ! Pour une dent, toute la gueule ! »

Phil, passé à l'improviste, allait à l'essentiel : « Un flic dort en chacun de nous. Il faut le tuer. »

Je sortis par un soleil printanier, ajustai des Ray-Ban, reliquat du Drug, un taxi m'emportait chez mes parents, un hôtel délabré du faubourg Saint-Antoine, le quartier commençait à devenir à la mode. Ma chambre semblait un havre de paix.

Six heures du mat' tapantes. Coups de sonnette. Les flics sont là pour une perquisition. Ils sont trois sur le palier : l'inspecteur, la quarantaine bien amortie, imper mastic et Borsalino, deux acolytes caricaturaux, un nain et un trapu, à l'accent corse. Mon père, résistant notoire – il n'en parle jamais – en robe de chambre soyeuse, garde un calme olympien qui modère leur zèle pendant que je m'habille. La visite guidée commence. Sur mon bureau, quelques exemplaires de *La Cause du peuple*, un *Petit Livre rouge*, deux numéros de *Midi-Minuit Fantastique* (revue de cinéma libertaire éditée par Losfeld, Raquel Welch en peau de bête, Delphine Seyrig roussissime agressée par Mister Freedom, qui vient sauver la France de Red China Man et de Moujik Man). « Ouh lau, y a aussi du porno », grommelle le Corse de Cro-Magnon. Dans l'armoire, victoire ! Le nabot déniche deux casques et, au fond, « Une arme ! », un vieux Luger Parabellum, jouet égaré de mon enfance. Mon père, avec autorité : « Mon fils a une moto, ce sont ses casques. » Le pistolet ? « Et vous, avez-vous su vous en servir quand il le fallait ? » L'inspecteur s'excuse. Il explique à mon père qu'ils m'emmènent pour un interrogatoire dans le cadre de la loi anticasseurs, sur demande du juge Rablaireau (juge exécré des gauchistes).

Mes parents m'embrassent. Ma mère me donne mes médicaments. Dans la cour de l'immeuble, la Jaguar paternelle. Coïncidence inouïe, un imbécile a bombé cette nuit sur les murs du portail : « Bourgois ». Les lettres écarlates soulignent la faute d'orthographe.

Devant, une R8 pie. Les deux Corses m'enserrent sur la banquette arrière. Le trapu fait de l'humour. Un petit coup de coude dans les côtes : « C'est quoi ta philosophie ? Le *P'tit Livre rouge*, hein ! » Je reste muet. « Parce que moi hein, c'est le P'tit litre de rouge ! »

La peur remonte à la surface quand nous descendons dans les sous-sols d'un bâtiment place d'Italie. Mise en condition. Empreintes digitales, photos face et profil. L'interrogatoire démarre, « gentil gestapiste » : « Raconte-nous simplement ce que tu faisais dans la manif. » Ma version est simple : « Je n'ai pas participé volontairement à la manifestation. Je suis étudiant. Je me trouvais là par hasard pour acheter un jean aux Puces. À la sortie du métro, j'ai paniqué. J'étais perdu, je ne connais pas le quartier. J'ai été entraîné par la foule. Non, je ne connaissais personne. Oui, à la fac, on distribue *La Cause du peuple*, j'ai rapporté ça pour voir ce que ça raconte… » Je réponds avec bonne volonté. Demande mes cachets. Fais mine d'être fatigué. Plusieurs voitures incendiées. « Oui, j'en ai vu une. » Des vitrines brisées ? « Sans doute. » Des forces de l'ordre attaquées. « J'ai peur de me battre. » Des blessés dans la brigade mobile de Saint-Omer. « Tu veux porter plainte ? » Non, non, pourquoi ? Les blessures ? « Pas si graves. Je suis rétabli maintenant, même si je dois encore prendre des médicaments. »

« Tu joues au con ? – Non, je collabore. » Ils n'y croient qu'à moitié. Me prennent plutôt pour une lopette. Un fils de bourge pas dégourdi. Mes réponses se recoupent. Je décris l'université. Prie le ciel qu'ils ne sortent pas de derrière les fagots (les réseaux sociaux n'existaient pas) des photos compromettantes ou des rapports d'indics. On m'évoque des noms de militants. Je reconnais Glucksmann et Salmon, ça ne mange pas de pain. « Oui, je les ai vus dans des AG. Celui-là, je ne sais pas, peut-être à la cafèt'. » Les procès Geismar, Le Dantec-Le Bris ? « Oui, tout le monde en a entendu parler. » L'OPS, c'est quoi ? « L'Organisation partisane secrète, tu connais ? – Non, ça me dit rien. »

Au bout d'une heure, on me conduit dans une cellule. On me retire ma montre, les lacets de mes pompes. Je réclame de l'eau et mes médocs. Des clous. On m'abandonne à mon sort. Combien d'heures s'écoulent, pas la moindre idée. Si j'avais subi un interrogatoire musclé, aurais-je tout balancé ? Et s'ils me tabassaient de nouveau ? Le temps de méditer l'abîme qui me sépare des résistants au nazisme, dont nous nous revendiquons vaillamment.

Soudain un flic entre, me propose à boire, un sandwich et une aspirine. « Vos médicaments, on n'a pas le droit. »

J'apprendrai plus tard ce que me vaut ce traitement de faveur.

Vieilles filières, vieux réflexes. Dès mon arrestation, mon père a réveillé un compagnon de la Résistance, gynécologue de la préfète, et un policier haut gradé appartenant à la même loge que lui (je ne découvrirai qu'il était franc-maçon qu'après sa mort). Mon père m'a choisi un ténor du barreau, sans rapport avec les avocats habituels des gauchistes. Dans la soirée, on me relâche. Je suis inculpé dans la foulée. Quelques semaines après, je serai convoqué au palais de justice par Rablaireau. Cornaqué par l'avocat de mon père, l'interrogatoire restera courtois.

À la rentrée de septembre, pour l'anniversaire de mes vingt et un ans, âge de la majorité et du droit de vote dont on se foutait royalement, je recevrai par la poste un non-lieu. Qui m'épargna d'aller en taule. Du plomb dans la cervelle ?

Sexes

Trois ans après mai, notre militantisme vacillait. Un orage de juin détrempait le terrain vague de Vincennes. Dans la cafétéria enfumée, Rémy recadrait notre opportunisme « en partant véritablement de la position du peuple ». Mickey virait décadent, mi-Bolan, mi-Bowie. Devenu un habitué des AG torrides du FHAR (Front homosexuel d'action révolutionnaire) aux Beaux-Arts le jeudi, le mercredi étant réservé au MLF, les deux mouvements avaient défilé ensemble le 1er mai en queue de cortège, il cherchait un plan pour des vacances au soleil, « Prolétaires de tous les pays, caressez-vous ! ».

Viré de chez Mériol pour cause d'une facture de téléphone astronomique – les postes étaient fixes, les conversations minutées, les communications avec la province chères et avec l'étranger ruineuses, c'était mal élevé d'appeler après le dîner – après qu'il eut fait écouter toute une nuit des disques à un pote installé à New York, il avait squatté l'appartement des parents d'un sympathisant. De retour du Festival de Cannes, les propriétaires, un couple moderne, apôtre du terrorisme anticonjugal, s'étaient déshabillés en un clin d'œil. Mickey avait succombé à une partouze, synonyme de bourgeoisie dégénérée pour la GP, puis s'était fait remercier à coups de pied au cul, tout en concluant que se faire enculer constituait une expérience de première bourre.

Guy, tignasse sexy, biceps saillants sous son tee-shirt rouge volé chez Western House – les lettres blanches « *What Is Work ? Work Is Struggle* » signées Chairman Mao barraient ses pectoraux –, cuisses musclées sous le velours moiré d'un taille basse à pattes d'éléphant balayant des mocassins sioux, était plongé dans la lecture d'*Actuel*. Phil, bandana noué, roulé-serré à la McQueen des *Sept Mercenaires*, étrennait une veste en daim usée comme Davy Crockett, à laquelle répondaient ma chemise en chambray délavée et des cheveux bruns tombant à l'épaule, quand vinrent s'asseoir, à côté de nous, trois « jeunes femmes rouges, toujours plus belles ». Marianne, jambes immenses et yeux de faon à la Birkin, Carole, rousse, touffe incendiaire à la Julie Driscoll, Judith, jupon romantique Laura Ashley, boléro du Rajasthan incrusté de petits miroirs, évoquant la Grace Slick du Jefferson Airplane.

Trois égéries de la GP quasiment inabordables puisque compagnes, il y avait encore peu, des leaders de Vincennes. Mais en rupture de ban. « Notre corps nous-mêmes », un nouveau vent bousculait la phallocratie ambiante. Un an plus tôt, un petit groupe réuni autour d'Antoinette (Fouque) et de Monique (Wittig), on appelait les sœurs ennemies par leur prénom, avait organisé une première AG non mixte. Depuis, les choses s'étaient corsées, les collectifs des Gouines rouges et de « Psy et Po » (« Comment articuler sexualité comme émancipation et procréation comme libération ») équarrissaient la morale hétéro-flic. Bravant la loi, 343 femmes dont Deneuve, Duras, Fontaine, Fabian, Halimi, Moreau, Sagan, Seyrig, Signoret... venaient de signer dans *Le Nouvel Observateur* « Je me suis fait avorter », manifeste rédigé par Beauvoir.

Rémy leur fit la bise. Comme par enchantement, elles étaient disposées au bavardage, consentant encore à rallier des camarades à la justesse de leur lutte. Nous ne demandions qu'à être convaincus. Mickey, en verve : « Les homos, comme les femmes, sont la serpillière sur laquelle les phallos essuient leur bonne conscience. » Judith, d'une voix cassée (érotique) : « Être pédé n'a jamais empêché d'être misogyne. »

Guy, sous le charme, débitait des théories reichiennes : « L'énergie bioélectrique appartient aux deux sexes. La couleur de l'orgone ? Gris-bleu comme tes yeux. » Carole, indulgente : « Ne te contente pas d'accrocher un wagon psy au train du marxisme-léninisme. » Guy : « Ouais, c'est quelque chose dans l'ordre du désir. »

Les fleurets mouchetés de la dialectique oblitéraient les jeux de la séduction. La ligne mao bannissait la libido. Il faudrait patienter quelques mois pour que le séminaire de Deleuze déstabilise la forteresse gauchiste et que *L'Anti-Œdipe* devienne un nouveau missel. Sous les plafonds défoncés après la recherche de micros-mouchards qu'auraient posés les RG, le mardi matin, les cours du philosophe de *Logique du sens* attiraient une affluence record, fans, dont une douzaine de Japonais, et interlocuteurs privilégiés (Jean-Jacques Lebel, Richard Pinhas avec qui le maître enregistrerait un vinyle...) au premier rang. Les machines délirantes sapaient l'orthodoxie. Comme un rhizome déployant à la fois racines et tiges aériennes, Deleuze empoisonnait le pouvoir des groupuscules maos plus perméables au chaos que les organisations trotskystes. Le chaudron deleuzien reflétait des turbulences qui s'épanouiraient chez les pédés et les gouines, les fous et les emprisonnés et les communautés de tout acabit, avant que les lignes de fuite ne se structurent en de nouveaux carcans.

Rémy, boy-scout, avait bravement déserté le terrain glissant de la guerre des sexes. Guy était fasciné par les seins de Carole, nus sous le coton brodé de sa tunique roumaine – le soutien-gorge de femme-objet dorénavant proscrit – et sans doute plus encore par ses taches de rousseur qui lui rappelaient Clémence, et une rupture cuisante.

Tout avait pourtant bien commencé. Les parents de sa bien-aimée inauguraient la saison à Saint-Tropez le week-end de Pentecôte et confiaient la villa à leur progéniture. Clémence boudait en lisant Colette sans culotte. La cadette roucoulait avec un régional de l'étape. Fi de la lutte des classes. Une découverte chez les branchés de l'après-Mai que l'autochtone buriné (marin-pêcheur, garde champêtre, pâtre grec, chasseur-cueilleur, dealer…) qui connaît les bons plans du cru. Des hommes de terrain pétant la santé, qui pouvaient vous apprendre la vie authentique, à ne surtout pas confondre avec les moniteurs (de ski, de voile, de tennis, de golf, sports petits-bourgeois), laquais du Capital. Le Viking en question pêchait aux aurores et reluquait la cadette qui bronzait à poil. Guy : « C'est la débandade du phallus. » Clémence : « Oui, et toi, t'as une bite à la place du cerveau. »

Le meilleur était à venir. Elle devait rejoindre un groupe de filles dans un mas du Luberon. Un phalanstère pour se ressourcer sans « male chauvinist » (quatre correspondantes américaines avaient fait le voyage). « Le pénis symbolise la matraque. » Clémence n'avait pas son permis. À Guy de l'y conduire. Après une crevaison en route, ils arrivèrent à l'heure du déjeuner. Guy demanda l'hospitalité. Dominique, l'organisatrice de la rencontre, accorda une dérogation. Douze filles, un gars. Guy bon enfant. « Oublions un peu le pénis, les filles. Pourquoi est-ce que je ne pourrais pas sucer une chatte aussi bien qu'une goudou ? Allez, je vais faire la bouffe ce soir. Et aussi la vaisselle. On en reparle après. »

Prodige. Blanc-seing de l'abbesse. Les filles entrent en synode, Guy s'affaire. En douce, il file chez le traiteur du coin. Le dîner de ces dames est servi : « bandade » de morue, tarte à la banane, délicatement arrosé d'un côte-rôtie. Bienveillance, mansuétude, ivresse. Guy anime la chorale : « Dominique, nique, nique/S'en allait tout simplement… » Oui, même les Californiennes reprennent en chœur Sœur Sourire (son album *The Singing Nun*, au lendemain de la mort de Kennedy, était resté numéro un du hit-parade pendant dix semaines, détrôné seulement par *Meet The Beatles !* La dominicaine quitte les ordres en 67, se met en couple avec Annie Pécher (*sic*), avec qui elle se suicidera en 1985). Guy entonne alors « Fourre Fouque, Fuck Fouque » qui trouve un écho favorable chez la tendance Gouines rouges. Clémence hébergea l'histrion dans sa chambre : « Tu peux me lécher, c'est tout. » Mission accomplie, Guy s'était branlé, debout à la fenêtre au clair de lune. « En taule, je faisais des concours à celui qui giclerait le plus loin sur le sol. » Fin de la romance.

Mickey rivalisait d'assauts spartiates avec Judith. Phil regardait Marianne sans un mot. Elle prit une Camel dans son paquet et la fit sauter à sa bouche. Il fit claquer son Zippo d'une main et l'alluma. Sourire compatissant. « Mon pauvre Philippe », lui dit-elle en aspirant une bouffée. J'aperçus, si vite, sans comprendre, un voile noir passer fugitivement chez Phil. Elles se levèrent en chœur, tirèrent leur révérence en riant, et nous nous regardâmes misérablement. Juste retour de flamme. Quatre frimeurs repentis venaient de se faire sécher par trois pétroleuses. Comme disait Deleuze, « le désir coule et coupe », nous laissant à notre désenchantement.

À leur table vide, s'assirent des membres du service d'ordre de la Ligue, dont le numéro 2 chausserait un jour les pantoufles de plus jeune sénateur de France. Phil : « Vive Staline. Et attention au coup de piolet dans le dos ! » Ces trois trotskystes étaient d'anciens Pubiens, minets du Pub Renault qui subissaient le joug des mecs du Drug, il y avait si longtemps. Époque inavouable, rancœur immuable. Sous la barbe fleurie de Marx, sous le rictus de cire de Lénine, le mépris. « Raclure trotskyste, vermine mao. » L'histoire bégaie. Scène primitive d'une vie antérieure de bidons, ils essuyèrent la griffe de notre méchante humeur sans riposte. Ils avaient été brimés autrefois et, malgré leur malaise, ne purent cacher une admiration.

Philippe

Mi-juin, Mickey avait mis les voiles avec une gazoline, de cette bande de folles (cri de ralliement : « Bite ! ») issue du FHAR. Destination Katmandou. En stop, facile : la Yougoslavie de Tito (« Six Républiques, cinq nations, quatre langues, trois religions, deux alphabets, un seul parti ») paisible jusqu'à nouvel ordre, la dictature – des colonels en Grèce, des militaires en Turquie et du Shah en Iran – propice à la tranquillité des voyageurs pour peu qu'ils ne touchent ni à la politique ni à la drogue, l'hospitalité afghane était légendaire.

Je flippais toujours dès que je croisais un flic. « Une convalescence radicale s'impose au martyr de la Cause », avait décrété Guy. « Une cause perdue », avait lâché Phil avec un éclat de rire éteint. Terre promise : la Californie. Départ prévu samedi 3 juillet, jour où l'on retrouverait Jim Morrison mort dans une baignoire rue Beautreillis, et où, pour les amateurs de réincarnations,

Julian Assange naîtrait sur l'île Magnétique, au large de Townsville, Australie.

En attendant, Philippe portait son masque des mauvais jours. Trop de défonce accélérait ses métamorphoses aveugles. Des relents de frime dissimulaient la solitude. Il relevait sa mèche, lissait automatiquement ses cheveux raides en gouttière derrière ses oreilles. Il parlait peu, osait une grimace contrariée, l'esquisse d'une inquiétude.

Attablé devant un thé à la menthe, j'entretenais la conversation pour deux. Bientôt San Francisco. « Et plus loin, plus loin encore, derrière les sierras, le joyau scintillant, couleur de nuit, enchâssé dans la baie », le vieux Frisco de Kerouac. Le SF déjanté des joyeux lurons Neal Cassady et Ken Kesey. J'avais croisé mon ami rue Larrey, derrière la Grande Mosquée, chez Marcel Motos, La Mecque de la motocyclette. Le mécano avait changé en un tournemain le câble d'embrayage de ma Bonneville. Le temps qu'il termine la révision de la Commando de Phil, nous fumions un joint dans le patio de la Mosquée.

La mécanique nous était rigoureusement étrangère mais une moto digne de ce nom était forcément anglaise. Silhouette orgueilleuse, guidon large, réservoir galbé en goutte d'huile, chromes splendides, roues à rayons. Coup de kick, on ouvrait les gaz, sans temps mort, le moteur rugissait. Souple, grave et rond, quand les tours élevés des japonaises poussaient un vrombissement strident. Et puis les japs portaient des matricules, les pur-sang britanniques des noms glorieux : Gold Star, Lightning, Thunderbird, Atlas, Daytona, Tiger.

Quand j'avais acheté mon rêve de Triumph, une 650 cm^3 Bonneville (en hommage à la vitesse record de 342 km/h atteinte dans le désert de sel de Bonneville, Utah, en 1956), la première fois, et peut-être la seule, que j'influençais Philippe, il avait acquis sa rivale. Une Commando, fleuron de Norton, la tenue de route par excellence. D'un côté les Animals, de l'autre les Them, inutile d'arbitrer. Phil conduisait sa machine comme une bête à l'abattoir, je pilotais la mienne comme un Spitfire piquant sur un Stuka nazi.

« Accumuler l'irréparable. » Phil avait fait infuser du peyotl dans son thé. On était repassé chez Marcel. Phil avait démarré sous l'œil incrédule du mécano. Il me collait à la roue. À un feu, il se pencha pour vomir. Je l'aidai à garer sa moto. Je dus le ramener chez lui, en conduisant le plus doucement possible sous le vent du soir pour qu'il ne chute pas de la selle.

Deux jours plus tard, il s'était suicidé. Lundi 21 juin. Solstice d'été, retiens le soleil. Philippe, Athos de nos fins dernières, s'était couché sur une voie ferrée. Embarqué à l'HP, il s'était défenestré du quatrième étage.

Au retour de l'enterrement, je refaisais avec Guy notre dernier trajet. Rue des Fossés-Saint-Marcel, anciennement rue d'Enfer, la Commando noire gisait sur le trottoir.

Deux jours après, son jeune frère nous donnerait deux chemises de Phil. Deux chemises américaines, qu'il aurait aimé nous voir porter.

Amérique

« La lune s'attristait. » Philippe mettait un point d'honneur à ne jamais exprimer le moindre désir. La dernière fois que Guy l'avait vu, trois jours avant moi, la radio jouait *California Dreamin'* (la version à fendre l'âme de Jose Feliciano), Phil avait tranché : « Pas mal. Idéal pour se balancer du Golden Gate. »

Nous y étions. Communion cosmique. La brise nocturne de l'océan agitait mollement les franges de sa veste en daim. Guy, l'œil aiguisé du coureur de plaines, regardait comment son jean délavé, un Lee Rider, à la taille plus haute que le Levi's 501, cassait sur des bottes texanes en cuir gras. Le mien était rapiécé d'un patchwork de Liberty à fleurs couleur d'arc-en-terre. Sur la chemise western léguée par Phil, j'avais enfilé un blouson Storm Rider, col de velours et doublure en couverture navajo. Les bouts effilés de mes bottes en buffle miraient quelques étoiles égarées. Notre compagne de voyage, chemisier gipsy rose indien, jupe en panne de velours noire, maintenait ses cheveux blonds par un bandana. Des spartiates soulignaient les fines chevilles de Charlotte.

La veille du départ, Guy était tombé sur elle à La Coupole. Elle était attendue par une amie de ses parents à San Francisco. Un bon plan, dans un temps où il nous était impensable d'imaginer passer ne serait-ce qu'une nuit à l'hôtel, confiants dans le hasard des rencontres et les connexions d'une génération qui avait inventé l'adolescence éternelle sur les deux rives de l'Atlantique. Il lui avait proposé de se joindre à nous. « T'inquiète, mon lapin, dès qu'elle nous fera chier, on la largue. »

Rendez-vous à Orly où « le dimanche, les parents mènent voir les avions en partance » sur les terrasses ouvertes aux quatre vents comme dans *La Jetée* et *L'Homme de Rio*, avant que les aéroports ne deviennent des zones à risques.

Le Boeing 747 avait juste atterri à San Francisco que nous filions à Haight-Ashbury. Point de chute : une maison victorienne tarabiscotée, voisine du fief du Grateful Dead, ainsi baptisé en référence au *Livre des morts tibétain*. Leur collectif Planet Earth Rock & Roll Orchestra, formé avec la fine fleur de l'Airplane, Quicksilver, Crosby, Stills, Nash & Young et compagnie, pour lancer sur orbite le vaisseau nourricier de communautés galactiques, nous faisait planer. Mais au 710, Ashbury Street, le Dead s'était déjà volatilisé. Les trois étages de la bicoque abritaient une tribu azimutée.

À quelques blocks, notre hôte : la trentaine, célibataire, entrepreneuse (la première crêperie de la ville, une réussite, futur mentor de la Silicon Valley), et cool. Un joint de Panama Red en guise de bienvenue. On mastiquait des tartines de guacamole avec application. Charlotte, les yeux dans le vague, ne pipait mot. La logorrhée de Guy montait en volume. Avec un accent à la Maurice Chevalier : « Like the potatoes, the best part of us is underground. » Convaincant. Guy finit dans le lit de la maîtresse de maison. Le lendemain matin, elle lui avait laissé un billet doux et les clés de sa bagnole.

Un pilier d'*Actuel* nous avait certifié, à l'annonce de notre quête de Carlos Castaneda, que l'écrivain mystérieux de *L'Herbe du diable et la petite fumée* avait déménagé de LA pour SF. Guerriers sidérants, sorcières dingos, champignons magiques, capteurs d'esprit, objets-pouvoir, lézards jaseurs : le livre était limpide. Basculer de l'autre côté du miroir, voir les choses telles qu'elles sont « réellement », s'affranchir de notre lamentable enveloppe charnelle, on en avait déjà une petite idée. Avec

Guy, on était persuadés de distinguer les vraies gens (qui ont l'apparence d'œufs lumineux) des faux (zombies empruntant l'apparence de gens). On voulait parcourir les univers parallèles et voler comme des corbeaux, à une vitesse prodigieuse, on espérait que Castaneda nous refilerait des tuyaux, voire nous recommanderait à un chamane yaqui.

Dans le Bottin, nous avions repéré quatre Castaneda, prénom Carlos. Après quelques coups de téléphone, nous avions éliminé trois candidats. Au domicile du dernier, on tombait invariablement sur une vieille femme qui raccrochait en baragouinant un anglo-mexicain. *No comprendo, señor. De nada.* Une ruse ? L'abonné créchait à Sausalito, sorte de Saint-Tropez hippie. Nous nous étions pointés au soleil couchant, avions observé sa cabane d'une banalité à toute épreuve. Pas l'ombre d'un « ennemi » effrayant, nous avions envoyé Charlotte tirer la sonnette. Il lui avait ouvert, méfiant. Le mec, âgé d'une cinquantaine d'années, n'avait pas la moindre idée de notre recherche et lui claquait la porte au nez.

Était-ce un vulgaire homonyme, un wetback sans papiers, ou avions-nous été joués par un « réplicant » mal rasé pendant que l'original vagabondait dans les sierras ? Ça nous occupa la route du retour. Guy avait mis une cassette de Santana, « idéal pour se balancer du Golden Gate ». Les solos de Carlos incendiaient la voûte étoilée. Nous avions garé à la sortie du pont la Buick bicolore aux ailerons de requin. Pas sûr qu'elle ait plu à Phil. Des larmes embuèrent les yeux de Charlotte. Nous la prîmes dans nos bras.

La nuit s'enfonçait, à force de dérapages contrôlés façon *Bullitt*, Guy cramait l'embrayage de la caisse prêtée par notre hôtesse.

Dès potron-minet, nous décampions en catimini pour Berkeley, de l'autre côté de la baie, en laissant un petit mot de remerciement, et l'emplacement de la Buick, livrée à son triste sort.

On avait une adresse du feu de Dieu : le domicile de Country Joe, immortel auteur du F.U.C.K. bêlé par la nation de Woodstock dans la boue et la pisse, après avoir fourbi l'hymne de toutes les manifs contre la guerre du Vietnam, « *And it's one... two... three... What are we fighting for* ». Le héros de l'acid rock, comme un poisson dans l'eau avec son groupe The Fish, était parti à la pêche. Vers minuit, on avait pris nos aises. Le monde entier était raide. *Flyin' High (In the Friendly Sky)*, on s'endormait sur des sofas.

Le bassiste de Country Joe nous avait indiqué une communauté hospitalière à deux rues de là. Gagné. Tu vois, Man, il s'agissait d'une collectivité soudée depuis des années. Sarah, dirigeante d'une Union des femmes, s'occupait d'une école maternelle, jeûnait en congé (en circuit fermé, ne buvant que sa propre urine). Bob, dégaine de Phineas, le Croquinol gaucho des Freak Brothers, architecte requalifié charpentier ; Tim, corps d'athlète, catogan filasse, ex-Weatherman reconverti boulanger macrobiotique ; Tom, comptable en pause sabbatique, as du *Yi-king*, karma d'enfer. Ils étaient allègrement responsables, les tâches quotidiennes réparties harmonieusement sans réciprocité mesquine, et chiaient dans un esprit œcuménique, porte des toilettes grandes ouvertes. Jamais un mot de trop pour déterminer à qui le tour des courses, bouffe, vaisselle, ménage, lavage et jardinage.

On montra patte blanche. Ils bossaient, on était en vacances, on fit des efforts pour se plier à la règle. Leur tolérance était sans limites. Quand Guy vidait le ballon d'eau chaude pour patauger dans la salle de bains, Bob, que nous avions surnommé le gourou, se contentait d'une remontrance paternelle. Ils manifestèrent à peine leur déception le jour où nous nous mîmes en frais pour un gueuleton made in France : salade de concombre et tarte du chef (pâte surgelée, rondelle de bananes calcinées). Chaque nuit, nous piochions dans leur réserve d'Acapulco Gold, le Mouton-Rothschild de l'herbe, et vidions leur stock de beurre de cacahuète. Nous partagions la même chambre, Guy dans un lit d'enfant, Charlotte et moi blottis dans un king-size, farouchement indépendants, au point de ne pas céder aux tentations de la Nature. Certains soirs, Guy prenait des poses d'analyste, écoutait les déboires de Charlotte qui l'avaient dégoûtée du sexe, dénouait les fils du passé. Elle consentait à se laisser masser et s'endormait en suçant son pouce.

Charlotte lisait *L'Empire des signes* : « Aux États-Unis, le sexe est partout, sauf dans la sexualité. » Elle excitait la convoitise de Tim et Tom. Les éconduisait souverainement.

Berkeley se découvrait un désert de beautiful people. Portés disparus : Joe Dalessandro le gigolo, Jeremiah Johnson l'écolo, Candice Bergen-Soldat bleu, Joan Baez-rebelle bohème, Jane Fonda-Vietcong Girl… En descendant Telegraph Avenue nous retombions sur les mêmes gaillards super-mellow, les mêmes filles poil aux pattes (anti-Barbie glabres) et aisselles fournies (nom de code : poireau poilu). Pis, les Ricains ne savaient pas porter le jean, gros culs shootés aux pancakes dans d'ignobles sacs de denim. On cherchait en vain l'endroit branché. Après un concert de bluegrass au Keystone où un troupeau d'étudiants débraillés dansait la bourrée au son du banjo, yodel et bières à gogo, on avait le moral à zéro. The Movement végétait, on rentrait se défoncer entre nous, abusant du Dylan pirate au Royal Albert Hall et de *Spanish Guitar* de Gene Clark, notre immense Amérique.

Quand Tim et Tom nous proposèrent un camping sauvage au Lake Tahoe, sur les contreforts de la Sierra Nevada, Guy fut pris d'une overdose. Ras le bol de Plouc City. Comme dans *Sur la route*, il savait que « quelque part sur le chemin, il y avait des filles, des visions, tout, quoi ! » et tira sa révérence.

En redescendant de la montagne, on s'attendait à voir Guy l'excommunié prier Bob le gourou de réintégrer notre havre moelleux.

Mais Guy rayonnait. Il avait déniché la communauté idéale, une ruche de mecs sous la coupe des deux perles de la West Coast. Une blonde, sirène du Mississippi en plus charpentée que Deneuve, une brune aux yeux violets tout droit sortis de *Soudain l'été dernier*. La bonne blague. Charlotte le vanna. Guy n'en démordait pas. Je partis démasquer l'imposture.

J'arrivai en conquérant. Au fond du salon, une silhouette immobile me tournait le dos. Je manquai défaillir. Guy me regardait comme si j'avais été frappé par la foudre. J'avais reconnu Ursula. Elle se retourna. Me dévisagea. S'approcha. M'embrassa sur les joues avec indifférence. Je bafouillais. J'aurais dû lui avouer que j'avais cru mourir à son départ, que j'avais rêvé d'elle longtemps. Prétextai une mauvaise excuse et m'enfuis lâchement.

Je regagnai mes pénates aux premières lueurs de l'aube, submergé par une peine enfouie. Charlotte m'attendait, exaspérée. Tim et Tom avaient essayé de la consoler. Plus Charlotte refusait de jouer le rôle de la femme trompée (mot dépassé), plus ils avaient loué sa grandeur d'âme. Dérisoire. Je trouvai le culot de lui dire que je me foutais de ses simagrées. Je me couchai sans un mot et l'entendis sangloter.

Vers midi, Guy débarqua. Ursula lui avait vaguement raconté notre histoire. « Tu aurais mieux fait de t'occuper de Charlotte, pauvre con. Ton Ursula, elle est intouchable, elle sort avec Country Joe. » Je ricanai. Les sentiments avaient la vie dure, l'orgueil mal placé aussi. Je raccompagnai Guy, la tête en feu. Ursula était là, Joe sur un divan avachi : « Salut les Frenchies. » Cordiale, la star. Question oiseuse : « C'était comment ta vie avec Janis Joplin ? », histoire d'énerver Ursula. Avec un large sourire, elle vint s'asseoir sur Joe, lui caressa la crinière et l'embrassa sur la bouche de façon qu'elle puisse croiser mon regard. Je crispai les maxillaires comme Phil. Fis un signe à Guy de sonner la retraite quand surgit la brune Lisbeth, l'autre fée du logis. Elle tendit à Guy un stick avec le détachement d'une allumeuse professionnelle.

Lisbeth, lassée d'être désirée pour sa beauté, professait l'abstinence. Le soir de son arrivée, après une épuisante conversation autour de son moi profond et de ses fantasmes, « Je vois l'origine du monde dans l'aisselle touffue d'une danseuse de flamenco », Guy avait reçu la permission de lui lécher la chatte. Massage pubien, langue cramoisie, clito irradié, Lisbeth avait toléré une pénétration. « Los cojones ! » Guy avait fait sonner ses couilles à toute volée comme le tocsin à Fort Alamo. Sur ce, elle avait mis l'artiste à la porte. Depuis, Guy avait beau endosser l'habit du confesseur, l'occasion ne se reproduisait pas.

Ursula se lovait autour de Joe qui reprenait haleine de ses baisers. Je m'esquivai. Rejoignis Charlotte.

Au cœur de la nuit, des lèvres se posent sur mon épaule nue. Je me retourne, découvre Lisbeth agenouillée au pied du lit. Sens Charlotte se contracter légèrement, faire semblant de dormir. Me glisse hors des draps, enfile un jean et me laisse guider dans l'obscurité. La Corvette de Lisbeth nous attend. Elle me roule une pelle sur la banquette, démarre en trombe.

Guy veille, sainte-nitouche, sirotant un jus de carotte. Bon camarade, il l'a persuadée que je suis puceau et que j'ai flashé sur elle. Un dépucelage ? *Oh My God !* Un homme vierge ? *So French. So romantic.* Il lui a tracé le plan détaillé de notre maison. L'idée d'exciter la jalousie d'Ursula me donnait des ailes. Lisbeth me viola avec mon consentement. Je la baisai comme un manche. Elle m'assura que c'était un début potable et tomba dans les bras de Morphée. Je m'habillai en retenant mon souffle, m'allongeai à même le sol, immobile, guettant la voix d'Ursula.

Après un temps infini, je discernai des pas. Ouvris la porte sans un bruit. Les battements de mon cœur emplissaient la pénombre. J'aperçus Ursula nue sur le canapé. Je ne pouvais distinguer son regard. Je m'approchai. Elle se redressa : « Mon pauvre ami, la simplicité sera toujours trop pour toi. » Je me forçai à sourire. « Tu ne sais pas grandir. » Je montai au septième ciel. « Tu crois qu'être sorti avec moi te donne le moindre droit ? J'aime Joe, oublie-moi. » Je fracassai mes émotions contrariées, lui jetai : « Je ne fais jamais de projet d'avenir. » Et m'enfuis de nouveau.

Le lendemain fut abominable. Je m'insupportais. Tout m'insupportait, jusqu'au ciel californien en Technicolor. Guy fut parfait. Charlotte nous sauva. Elle nous embarqua pour Carmel en décapotable. Macadam à deux voies. Nous abandonnions les communautés à leur triste routine. Nous nous envolions vers Paris dans une semaine. J'oublierai Ursula. Il nous restait une éternité à refuser éperdument de grandir.

Crépuscule

Un pâle soleil de mars éclairait la couronne barrée d'un « À Pierrot, mort pour la cause du peuple ». De la place de Clichy à la République, deux cent mille personnes défilaient pour l'enterrement de Pierre Overney, militant mao tué à bout portant le 25 février 1972 par le vigile Tramoni, porte Zola à Billancourt. « De Barbès à Renault, le fascisme ne passera pas ! » Par rafales, le vent faisait claquer le linceul rouge, crépuscule du gauchisme annoncé. Charlotte tenait la main de Guy. Je serrais les poings dans les poches de mon blouson. « Dreyfus assassin – Marchais complice ! », des milliers de voix scandaient le slogan vengeur associant Pierre Dreyfus, P-DG de la régie Renault, et Georges Marchais, secrétaire général du Parti communiste. Nous attendions place Pigalle le début du cortège, le flot immense des manifestants s'écoulait bras dessus, bras dessous.

Nous avions eu 13 ans sur *She Loves You* (yeah, yeah, yeah), 15 avec *My Generation*, 18 en

68. Right time, right place. Aucun mérite à ruer dans les brancards à l'heure dite. Du printemps 68 au printemps 72, quatre années-lumière. Les aînés s'étaient pliés à nos mirages. Nous étions passés de l'enthousiasme aux illusions nébuleuses.

Mickey nous avait salués au passage. Nous ne le voyions plus, peut-être parce qu'il avait raconté à Guy que Marianne, égérie du MLF, lui avait laissé entendre qu'elle avait couché autrefois avec Phil et qu'il était impuissant. Guy et Charlotte s'embrassaient quand j'aperçus Ursula. Martiale dans une veste de cuir fauve, elle marchait entre Godard et Jane Fonda. Elle ne me voyait pas. Elle allait disparaître. La nostalgie est l'ennemie de la vie. Je courus. Jouai des coudes. Arrivé à sa hauteur, j'hésitai. Puis posai ma main sur son épaule. Elle se retourna. Le courant nous emportait. Brutalement, elle me sourit.

Un réalisateur de la Nouvelle Vague, rencontré grâce à l'acteur fétiche et scénariste des deux « westerns bressoniens » de Monte Hellman, l'avait prise comme scripte sur son prochain film. Elle partait le surlendemain pour trois mois de tournage.

À l'automne, elle aménageait un studio sous les toits de Paris, rue Montorgueil.

Coup de foudre, étoile de jour. Ursula, tempérament de hussard, avait la radicalité dérangeante. Ni l'hypocrisie d'une bourgeoisie recyclant la dynamique révolutionnaire ni les diktats groupusculaires ne l'impressionnaient. De soudaines froideurs, un passé opaque. Impitoyable, égoïste, butée. Comme une enfant boudeuse, elle ne pouvait s'endormir que dans une nuit obscure, chambre close et calfeutrée. Agitée de cauchemars brusques, elle me bouleversait.

Je vivais en partie chez elle. La quittais en pleine nuit, démarrais ma motocyclette dans la ville endormie et rentrais coucher chez mes parents. Créer le manque. Aiguiser la frustration, reculer la jouissance au lendemain. Incapable de comprendre que le premier à lâcher prise avait gagné. J'arrivais à m'endormir avec elle sans faire l'amour en en crevant d'envie. Je croyais m'affirmer.

Guy et Charlotte s'étaient installés ensemble. La parenthèse sentimentale durait. La mère de Guy leur payait un deux-pièces rue des Lombards (« C'est une goy mais elle est si gentille »). Les premiers pavillons des Halles avaient été détruits. Le quartier devenait branché. Nous

nous voyions au Mother Earth's, brownies et carrot cake fabuleux, joints autorisés. Ursula et Charlotte n'avaient pas grand-chose à se dire. Guy ne refusait jamais rien à Ursula, peut-être parce qu'elle ne lui demandait jamais rien, qu'elle se moquait de son fric ou qu'il voulait la séduire. Parce que je m'éloignais de lui ? Il lui prêtait l'Alfa Romeo décapotable de sa mère, qu'elle conduisait trop vite.

Elle commença un nouveau film. Un western bidon recréait Little Big Horn dans l'immense trou des Halles avec la crème des acteurs français et italiens. Catherine Belle de nuit et Marcello de la *Dolce Vita*, couple olympien, Piccoli en Buffalo Bill, dînaient dans les brasseries du cru, entourés d'une armée de figurants aux cheveux longs. Ursula nous avait pistonnés pour de la figuration (ersatz de travail, à une époque où le chômage avant le premier choc pétrolier d'octobre 1973 était un bon plan). L'occasion de piller la costumière, vestes de trappeur, mocassins apaches, les bandanas étaient une denrée rare. Les Halles rejouaient un simulacre du massacre de My Lai. Le cinéma militait en faveur des opprimés et le réalisateur de *La Grande Bouffe* tenait table ouverte à la faune underground et aux émissaires du Red Power.

Le tournage se termine à la fin de l'été. Un soir de septembre, à l'Olympia, concert de Lou Reed animal. Charlotte n'a pas envie de venir. Au premier rang du balcon, trois places nous attendent (la sécurité s'est renforcée, plus question d'entrer sans payer). Pantalon de cuir noir, débardeur gris perle, cheveux ras, Ursula, défoncée, ne quitte pas son sourire d'« ange inconsolable ». Guy porte un Perfecto à la Brando, un tee-shirt blanc souligne ses abdominaux. J'ai épinglé sur mon blouson un petit badge Triumph. Ils sont cinq « bab » – l'expression est devenue péjorative avec le rock « décadent » de Ziggy, Iggy, Roxy – vautrés sur nos sièges. Guy avise le plus balèze : « Faut dégager, c'est réservé. » « Rien à foutre, mon pote, y a des places pour tout le monde. » Ursula l'approuve. Je saute en équilibre sur la rambarde, agrippe le malabar par le col : « Tire-toi ou je te fais prendre un bain de foule. » Ursula : « Laisse tomber. » Guy s'interpose : « Il est très méchant, mon copain. » Les babas se cassent : « C'est des marteaux, ces mecs-là. » Les lumières s'éteignent, les premiers accords de *Sweet Jane*. Main de fer dans gant de velours, Lou aigre-doux.

Je raccompagnai Ursula chez elle. La vis pour la première fois sniffer de l'héro. Elle était triste. Elle glissa contre mon épaule, me murmura des mots roses. Je la déshabillai, la déposai sur son lit, m'allongeai à côté d'elle. De lourds nuages barraient une lune poudrée qui, par éclairs, soulignait des larmes sur son visage pâle.

Au milieu de la nuit, elle se releva pour se faire une ligne. Je lui dis que ça suffisait. Elle me demanda si je ne m'étais pas senti minable en virant des mecs de leur place. « Et puis, tu me gonfles avec ta morale. Si tu te lâchais un peu, tu te poserais peut-être d'autres questions. » Sans un mot, je me rhabillai avec une nonchalance maniaque. « Si tu dois te rhabiller en vitesse, enfile d'abord tes pompes », disait Phil. Blue-jean, sans façons, on ne portait plus de caleçon, bottes, je mis un temps exaspérant, comme un strip-tease à l'envers, pour boutonner ma chemise, glisser les pans dans mon fute, passer la main dans mes cheveux, relever ma mèche. « Tire-toi, pauvre con. » Sa voix avait faibli. Je fis semblant de claquer la porte, et la fermai sans bruit.

Elle partit pour Los Angeles. M'envoya une carte postale du Missouri. Elle me manquait. Disparaissait à force d'être présente dans mes pensées.

Elle revint à Paris sous la neige. Noël 73 était sinistre. Je la vis une fois. Tempes brûlantes, tendres cernes. Elle posa ses lèvres sur les miennes. « Leur poids délicieux. »

Au printemps, je reçus un faire-part d'Amérique, sa mère avait trouvé mon adresse dans ses papiers. Ursula était morte d'une overdose.

Le lendemain, on annonçait la mort de Pompidou (un jour, de Gaulle : « Pompidou, dites-moi, votre nom a l'air de se moquer du monde »). Je partis pour Varengeville dans la maison de campagne de mes parents, fermée pour la morte-saison. Ouvris les volets engourdis par le sel, allumai une flambée dans l'âtre. Basculai dans le chagrin. Ursula hors d'atteinte.

Un télégramme

Je passai avril seul. La pluie en cascade de perles sur les ardoises. Des nuages en mille-feuilles crémeux. Sur les galets gris et le sable humide, je marchais le long des falaises balafrées d'ocre. Les chemins de campagne. La palette des verts normands qui vire de l'émeraude au jade, du bronze à la mousse d'un mini-shetland Mayfair autrefois adoré. L'herbe qui s'allume après les grains. La plainte des vagues mourantes. Nuits agitées aux ravages de jalousies endormies, la lune zébrant les murs de ma chambre comme les barreaux d'une prison. Étoiles mouillées. J'écoutais en boucle *Ambulance Blues* de Neil Young. Ursula du paradis s'estompait. La part du manque, l'amertume de l'inachevé se fondaient dans l'usure des songes et les fleurets émoussés du désir.

Je regagnai Paris. Un télégramme de Guy, de Rio, m'attendait. « J'ai quitté Charlotte. Réfléchis. Je ne serai pas toujours là pour t'arranger le coup. »

Nota Bene

Le lecteur attentif et fidèle remarquera peut-être dans ce livre des personnages, des scènes, des anecdotes, des passages, empruntés à trois romans précédents : La bande du Drugstore, Enragé *et* Kung-fu. *Vingt ans après la parution du premier, les minets minables (pffft) ont la vie dure et m'ont accordé de revisiter leurs aventures à ma guise (pourquoi changer une équipe qui gagne ?). La mémoire joue de drôles de tours. « Trop poli pour être honnête », disait du narrateur la grand-mère de Phil.*

Playlist

Les Play-boys, auteur : Jacques Dutronc/ compositeur : Jacques Lanzmann, Vogue, 1966

Les Sucettes, auteur/compositeur : Serge Gainsbourg, Philips, 1966

Le Blason, auteur/compositeur : Georges Brassens, Philips, 1972

Sacré Charlemagne, auteur : Robert Gall/ compositeur : Georges Liferman, Philips, 1964

Mini, mini, mini, auteur : Jacques Dutronc/compositeur : Jacques Lanzmann, Vogue, 1966

Gloria, auteur/compositeur : Van Morrison, Decca, 1964

Keep on Running, auteur/compositeur : Jacky Edwards, Island Records, 1965

Rosalyn, auteur/compositeur : The Pretty Things, Fontana, 1964

Everybody Needs Somebody to Love, auteurs : Jerry Wexler et Bert Berns/compositeur : Solomon Burke, Atlantic, 1964

All Day And All of The Night, auteur/compositeur : Ray Davies, Pye, 1964

Le vrai scandale, c'est la mort, auteur : Jeanne Moreau/compositeur : Antoine Duhamel, Polydor, 1970